Rolf Otto Flach

*Gesund mit*
# Schokolade

Rolf Otto Flach

*Gesund mit*

# Schokolade

- Stimmungsaufhellend
- Heilend
- Mit köstlichen Rezepten

HERBiG | Hausapotheke

*Wichtige Hinweise*
*Die Wissenschaft ist ständig im Fluss. Die vorliegenden Informationen beruhen auf gründlicher Recherche des Autors. Ziel des Buches ist es, die modernen Erkenntnisse der medizinischen Forschung aufzuzeigen, wobei die Betreuung durch einen Therapeuten hiermit nicht ersetzt werden soll. Der Leser sollte in jedem Fall seinen Arzt um Rat fragen und verordnete Medikamente nicht eigenmächtig absetzen. Alle Empfehlungen und Informationen sind von Autor und Verlag sorgfältig geprüft, dennoch kann keine Garantie übernommen werden. Jegliche Haftung des Autors bzw. des Verlages und seiner Beauftragten für Gesundheitsschäden sowie Personen-, Sach- oder Vermögensschäden ist ausgeschlossen.*

MIX
Papier aus verantwor-
tungsvollen Quellen
FSC® C084279

Besuchen Sie uns im Internet unter:
www.herbig-verlag.de

© 2014 by F. A. Herbig Verlagsbuchhandlung GmbH, München
Alle Rechte vorbehalten
Umschlaggestaltung: Wolfgang Heinzel
Coverfoto: Shutterstock
Lektorat und Bildredaktion: Désirée Schoen
Satz: Buch-Werkstatt GmbH, Bad Aibling
Gesetzt aus der 9,5/13,5 Utopia
Druck und Binden: Finidr s.r.o.
Printed in EU
ISBN: 978-3-7766-2749-7

# Inhalt

# Vorwort

Liebe Leserin, lieber Leser, angesichts des Buchtitels fragen Sie möglicherweise: Kann denn eine Süßigkeit wirklich ein Heilmittel sein? Die gute Nachricht für alle Genießer lautet: Ja, sie kann! Einer der Gründe dafür ist, dass Schokolade tatsächlich glücklich macht, und glückliche Menschen sind erwiesenermaßen weniger krank. Dafür ist der Botenstoff Serotonin zuständig, dessen Vorstufe Tryptophan in Schokolade enthalten ist. Sorten mit hohem Kakaoanteil wirken zudem blutdrucksenkend und haben einen stimulierenden Einfluss auf Kreislauf und zentrales Nervensystem. Aber damit ist es noch nicht genug: Die weiteren positiven Auswirkungen von Schokolade erfahren Sie im Kapitel »Wirkstoffe«. Gesund genießen ist also tatsächlich möglich!

Eine unangenehme Nebensache sei gleich vorweggenommen: Nicht jede Schokolade ist auch eine gesunde Schokolade. Bitte schauen Sie vor dem Kauf genau auf die Verpackung. Eine Schokolade mit 20 Prozent Kakaoanteil enthält logischerweise 80 Prozent sonstige Zutaten. Und über die machen Sie sich bitte Sorgen – die haben mit der Kakaobohne nämlich nichts zu tun! Bedenklich ist vor allem ein hoher Anteil an raffiniertem (weißem) Zucker, Emulgatoren, Stabilisatoren und künstlichen Aromen. Entsprechend schmecken die Erzeugnisse der Billiganbieter auch. Gesunder Schokoladengenuss fängt etwa bei 55 bis 60 Prozent Kakaoanteil an, ab 70 Prozent Kakaoanteil ist er garantiert.

Wenn Sie in jedem Fall auf der sicheren Seite sein wollen, machen Sie doch Ihre Schokolade gleich selber! Anleitungen und Tipps finden Sie im Rezeptteil im Abschnitt »Basis-Kakaorezepte« (s. Seite 58).

Weltweit, ohne Ansehen der Kultur, Herkunft, Nationalität oder der Hautfarbe, leuchten Kinderaugen, wenn sie auch nur in die Nähe eines Stücks Schokolade kommen. Von Kindesbeinen an entwickelt sich einer unserer schönsten und verführerischsten Sinne: unser Geschmack. Und diesen Geschmack trifft die Schokolade am intensivsten. Der Spaß am Genuss von Kakao und seinen Erzeugnissen scheint uns angeboren. So ganz abwegig erscheint die Idee, dass der Mensch eine Art »Zucker-Gen« in sich trägt, nicht. Wissenschaftler gehen jedenfalls davon aus, dass unsere Leidenschaft für Süßes genetisch bedingt ist. Gefunden wurde das entsprechende Gen aber bislang nicht.

Neben seinem köstlichen Eigengeschmack vermag der Kakao auf vielfältige Weise geschmackliche Verbindungen mit anderen erlesenen Aromen einzugehen – vom berühmten Schaumwein der Champagne über handverlesene Haselnüsse aus dem Piemont bis hin zu den berauschenden Rosenaromen Englands. Auch frische Kräuter wie Minze und Basilikum bereichern den Schokoladengaumen, ebenso wie Chili oder Fleur de Sel.

Sie möchten noch mehr erfahren über Schokolade, ihre positiven Wirkungen und wie Sie selbst kreativ werden können?
Dann lade ich Sie herzlich ein, gemeinsam mit mir die Welt der Schokolade zu entdecken.

# Die Geschichte der Schokolade

Als Kolumbus 1502 auf seiner vierten Entdeckungsreise, von den »Inseln über dem Wind« kommend, an Haiti und Kuba vorbei das mittelamerikanische Festland bei Guanaja erreichte, traf er auf ein voll beladenes Handelskanu der Mayas. Ohne zu ahnen, welch einen Schatz die Mayas mit sich führten, ließ er das Boot, voll mit Kakaobohnen, entern und an Bord holen. Die Spanier beobachteten dann, dass die Einheimischen sich sofort nach einigen dieser Bohnen bückten, die aus ihren Behältnissen auf das Schiffsdeck gefallen waren, und sie sorgsam aufsammelten. Vorläufig blieb der Grund für diese Bemühungen im Dunkeln – man hatte keinen Dolmetscher dabei. Und Kolumbus selbst hat nie Kakao gekostet, in welcher Form auch immer – und nie erfahren, welcher Schatz da direkt vor seinen Augen lag, ohne dass er ihn erkannt hätte.

## Die Anfänge: Olmeken, Mayas und Azteken

Forscher sind sich sicher, dass der Kakaobaum ursprünglich aus dem Amazonasbecken stammt und dass es die Olmeken waren, die ihn um 1500 v. Chr. über Handelswege in ihr fruchtbares Tiefland am heutigen Golf von Mexiko (Tabasco und der südliche Teil von Veracruz) eingeführt wurde, um ihn dort zu kultivieren. Da die Olmeken durch ihren Handel einen gewissen Einfluss auf ihre Nachbarvölker hatten, dürfte diesen der »Cacao« bzw. die Schokolade ebenfalls bekannt gewesen sein. Auch die Mayas und später die

Azteken haben wahrscheinlich das entsprechende Wissen von den Olmeken übernommen. Das Wort *cacao,* ursprünglich »Kakawa« ausgesprochen, gehörte bereits um 1000 v. Chr. zum Sprachschatz der Olmeken. Es entstammt einer Urform der Mixe-Zoque-Sprache, die von vielen Völkern übernommen wurde, und findet sich in zahlreichen mittelamerikanischen Dialekten. Dass der Kakao schon um 1150 v. Chr. bekannt war, beweisen entsprechend datierte Tongefäß-Scherben, die in Honduras gefunden wurden. An ihren Innenwänden konnten Spuren von Theobromin, einem Stoff, der in Mittelamerika nur in der Kakaobohne vorkommt, nachgewiesen werden.

Die Mayas entwickelten eigens für den Kakaogenuss sogar spezielle Trinkgefäße, u. a. einen Tripod. Ein solcher wurde in Costa Rica gefunden, er diente vermutlich als Grabbeilage und stammt von etwa 700 n. Chr. Man kann ihn sich als kleine Vase mit noch außen gebogenem Rand vorstellen, welche reich verziert mit Symbolfiguren auf drei dünnen, aber breiten und spitz zulaufenden Beinen steht. Die drei Beine machen das Gefäß standfester als ein normaler Boden und beweisen den hohen Stellenwert des Getränkes.

## Kakao auf Mittelamerikanisch

Für unseren heutigen Geschmack war das kalt getrunkene, bittere, ungesüßte Kakaogetränk der Mayas und Azteken schlicht ungenießbar. Gewürzt wurde es überwiegend mit Chili und/oder Piment, Mais, Vanille, Cayennepfeffer und etwas Salz. Und aus frühen Schriften (z. B. die Wörterbücher der Missionare) weiß man, dass die Eingeborenen ihren Kakao mit einer dicken, hohen Schaumkrone bevorzugten. Auch für die Zubereitung von Speisen wurde

*2  Kakaobäume wurden schon im 2. Jahrtausend v. Chr.
von den Olmeken kultiviert.*

die Bohne verwendet, in gehackter oder pulverisierter Form. Überlieferte Heilrezepturen der Mayas und Azteken finden Sie auf Seite 13 f. Selbst ihren Toten gaben die Mayas Schokolade (wahrscheinlich in Form eines Breis) als Nahrung mit auf den Weg.

Die Maya-Stämme in Guatemala kennen noch heute über 1000 traditionelle Rezepte zur Schokoladenzubereitung.

*Das heilige Schokoladengetränk der Lacandón*

Für ihre heiligen Rituale bereiten die Lacandón bis heute eine Schokolade nach einem alten Rezept. Die Vorarbeiten finden in einer besonderen Kochhütte statt, die sich in der Nähe des »Gotteshauses« befindet, wo die aus Lehm geformten »Gottestöpfe« aufbewahrt werden.

Die geernteten und getrockneten Kakaobohnen werden nach alter Tradition mit einem Reibestein auf dem sogenannten Metate-Stein (von *náhuatl métlatl* = span. *el metate*), einem vulkanischen Stein, der von der Halbinsel Yucatán importiert wurde, zerrieben. Während des Mahlens wird *aak,* ein besonderes Gras, welches die Kakaoflüssigkeit schäumen lässt, untergemischt. Zum Schluss wird Wasser unter die Mischung gerührt, das Ganze durch ein Kürbissieb abgeseiht und in Schalen gegossen. Diese enthalten entweder *balché* (ein rituelles Met, gewürzt mit einer bestimmten Baumwurzel) oder *sak ha* (Maisgrütze). Damit werden die »Gottestöpfe gefüttert«.

## Schokolade als Medizin

Die Schokoladen-Medizin der Mayas und Azteken war und ist bis heute eine stark wirksame Waffe gegen die unterschiedlichsten Erkrankungen, wobei ein Teil ihrer Heilkraft auf die der Schokolade hinzugefügten Kräuter und Gewürze zurückzuführen ist. Der spanische Missionar *Bernardino de Saha-gún* sammelte über seine Mitbrüder in Mittelamerika die Heilrezepturen der dortigen Eingeborenen und veröffentliche sie in einem der zwölf Bücher des zwischen 1540 und 1585 entstandenen *Florentiner Codex,* in dem das gesamte erhaltene Wissen über die untergehende Kultur der Azteken gesammelt ist.

Einige der Rezepturen erscheinen uns auch heute noch durchaus modern, bei anderen können wir die Art der Anwendung kaum mehr nachvollziehen. Hier einige Beispiele:

Eine Mixtur aus 8–10 Kakaobohnen, getrockneten Maiskörnern und *tlacoxochitl* (Puderquastenstrauch) gegen Fieber und bei Schwächezuständen.

Gegen Durchfall und Husten wurde eine Paste aus Kakaobohnen und Chilipfeffer eingesetzt.

Sahagún berichtet ebenfalls von einer medizinischen Schokolade gegen Husten mit Auswurf, bestehend aus Kakaobohnen, *mecaxochitl* (mexikanischer Blattpfeffer), *uey nacaztli* (Teufelshandbaum) und *tliliochitl* (Vanille), welche nach einem Aufguss – gewonnen aus dem Schwanz eines Opossums – getrunken wurde.

Oftmals wurde die Kakaobohne mit Vanille kombiniert. Mit etwas Salz und Tapioka galt diese Mischung als Hirn und Mutterleib stärkend. Wurde die Schokolade mit dem Saft aus der Rinde des Seidenwollbaums kombiniert,

13

sollte sie gegen Infektionen wirken. In dem feuchtheißen Klima Mittelamerikas ein oftmals lebensrettendes Rezept.

Des Weiteren verabreichte man Schokolade bei Hautausschlägen, Fieber, bei Angina und Zahnproblemen sowie als harntreibendes Mittel und bei Herzschwäche. Letzteres wurde inzwischen sogar wissenschaftlich bestätigt: Das im Kakao enthaltene Alkaloid Theobromin besitzt entwässernde und anregende Wirkung.

Auch Kakaobutter fand bereits Verwendung, als Wund- und Hautpflegemittel, bei Verbrennungen, Ekzemen, Entzündungen, rissigen Lippen, wunden Brüsten und Genitalien.

Vor allem aber nutzte man die Schokolade als Stärkungsmittel. Aztekische Krieger hatten immer Schokolade in ihrem Marschgepäck, und zwar in Form von getrockneten Oblaten oder Kugeln. Für Frauen und Kinder hingegen galt die Kakaobohne im nichtmedizinischen Bereich als ungeeignet, denn man befürchtete, sie könnte bei ihnen giftig wirken.

## Kakaobohnen als Zahlungsmittel

Die Kakaobohne erreichte als Zahlungsmittel im Laufe der Zeit bis zu den Azteken eine Stabilität und Sicherheit, die uns heute unvorstellbar erscheint. Dabei war der Schokoladengenuss ausschließlich dem Königshaus, dem Adel und hohen Priestern und Würdenträgern sowie den Fernhandelskaufleuten und Kriegern vorbehalten.

Nur um Ihnen eine ungefähre Vorstellung vom Wert der Kakaobohne zu geben, hier einige Beispiele:

Ein Truthahn hatte einen Wert von 200 Kakaobohnen.

Ein Hase oder Waldkaninchen war je 100 Kakaobohnen wert.
Eine große Tomate entsprach dem Wert von einer Kakaobohne.
In Maishülsen gewickelter Fisch kostete drei Kakaobohnen.
Die Arbeitsleistung eines Sklaven war für etwa 100 gute Kakaobohnen zu haben.

Und wie das so bei jeder guten Währung ist, wurde auch diese zu fälschen versucht. So ließ man die Kakaobohnen zum Beispiel in Wasser leicht aufquellen, damit sie größer wurden, oder gab ihnen einen aschgrauen oder fahlroten »Anstrich«, nämlich in den Farben der edelsten Kakaosorten.

## Die spanischen Eroberer entdecken die Schokolade

Als Nahrungs- oder Genussmittel, von den Eingeborenen *xocólatl* (nach dem Gott Xocóatl) genannt, erweckte die Kakaobohne bei den Spaniern zunächst wenig Begeisterung.
*»Sie (die Bohne) schien eher ein Getränk für die Schweine zu sein als für die Menschheit!«*, ereiferte sich der Italiener Benzoni im Jahr 1575 und gab damit die Meinung vieler wieder, die das neue Getränk ablehnten. Für andere typische Produkte aus der Neuen Welt galt dies ebenfalls, zum Beispiel für den Mais. Jedoch, im Laufe der Zeit gewöhnten sich die Eroberer allmählich an den ungewohnten Geschmack. Eine Ursache war, dass immer mehr einfache Spanier einheimische Frauen heirateten. Auch nahmen viele der reichen Spanier sich Einheimische als Konkubinen. Durch diese Verbindungen (Spanier-Azteken-Mayas) näherten sich die sehr unterschiedlichen Kulturen allmählich einander an.

Dadurch ergaben sich natürlich auch geschmackliche Anpassungen des Kakaogetränkes an die jeweiligen Gewohnheiten. So veränderte man die Trinktemperatur (die Mayas und Spanier bevorzugten den Trank eher heiß, die Azteken eher kalt bis lauwarm mit viel Schaum), fügte (wahrscheinlich) Piment, Vanille und von den Spaniern mitgebrachten schwarzen Pfeffer hinzu und süßte erstmals mit Rohrzucker. Letzteres brachte vermutlich aufseiten der Spanier den Durchbruch für die Schokolade. Die waren, wie übrigens alle Europäer, schlichtweg »süchtig nach süßen Dingen«, seit im mittelalterlichen Europa der Zucker eingeführt worden war.

Man kann davon ausgehen, dass wir die Entstehung des Wortes »Schokolade« dem eher begrenzten Sprachtalent der Spanier zu verdanken haben. So wurde aus der *xocólatl* der Maya und Azteken zunächst *chocól* (heiß) und *atl* (Wasser). Da die Spanier die Silbe »tl« kaum aussprechen konnten, änderten sie sie einfach in »te«. Das Wort *chocolate* war geboren.

## Die Schokolade erobert Europa

Wer nun den Ruhm für sich verbuchen kann, die Kakaobohne nach Spanien gebracht zu haben, ist nicht ganz geklärt. Einige Forscher schieben dies Hernán Cortés in die Schuhe, der Yucatán (1517) und kurz darauf große Bereiche des heutigen Mexiko eroberte (1519–1521). Von ihm stammt auch die Bezeichnung »Geldbohnen« (etwa um 1528). Allerdings fehlt jeder Beleg dafür, dass es Cortés war, der uns Europäern mit dem Kakao bekannt gemacht hat. In den detaillierten Aufzeichnungen über sämtliche Schiffsladungen, die er aus Mittelamerika einführte, ist jeder Posten peinlich genau beschrieben –

vom adeligen Azteken über einen lebenden Jaguar bis hin zu Obsidianspiegeln. Es wurde nicht ein Hinweis auf Kakao entdeckt.

Natürlich hätten auch die spanischen Adeligen, die ihr Glück in der Neuen Welt suchten, oder Krieger, die sich den neuen Machthabern in Mittelamerika verdingten, die Möglichkeit gehabt, Kakaobohnen in die Heimat mitzubringen. Es könnten aber auch Mönche und Missionare gewesen sein, die die Chocolate bei ihren Heimaturlauben mitbrachten. Allen voran waren es die Jesuiten, die enge Beziehungen zwischen ihren Klöstern in der Alten und der Neuen Welt pflegten. Nachdem der spanische Königshof unter Prinz Philipp von dem neuen Kakaogetränk – wenn auch verhalten – begeistert war, kontrollierten die cleveren Mönche zeitweilig Teile des Kakaohandels.

Die erste verbriefte Schiffsladung Kakao fand jedenfalls im Jahr 1585 ihren Weg von Veracruz in den Hafen von Sevilla.

Es dauerte dann doch noch einige Zeit, bis der Handel mit den rötlichen Bohnen langsam in Schwung kam. Erst gegen Mitte des 17. Jahrhunderts setzte sich die Chocolate als beliebtes Getränk bei Hofe und beim Adel wirklich durch und entwickelte sich in der Folge schließlich zu einer Art spanischem Nationalgetränk. Noch heute gehört die Trinkschokolade zum traditionellen spanischen Frühstück dazu.

Auch das erste Buch über Schokolade verdanken wir einem Spanier: Antonio Colmenero de Ledesma, ein begnadeter andalusischer Arzt, Chirurg und Verfasser hoch geachteter medizinischer Schriften, widmete sich im Jahr 1644 einer Abhandlung über das neue heilkräftige Kakaogetränk. Eines seiner Lieblingsrezepte finden Sie auf Seite 18.

Sehr wahrscheinlich erreichte die flüssige Schokolade nach Spanien und Portugal als nächste Station Italien. Auf welchen Wegen sie sich von Italien aus weiter über Europa ausbreitete, ist schwer nachzuverfolgen, denn zu dieser Zeit – mitten in den Glaubenskriegen – verändern sich die Grenzen Europas häufig und schnell. Fest steht, dass vor allem die Königs- und Fürstenhäuser, aber auch der rege Austausch unter den Klöstern für ihre Verbreitung sorgten. In Italien jedenfalls fand die »süße Verführung« ab 1644 zunehmend Verbreitung. Der italienische Mediziner Paolo Zacchia, Leibarzt der Päpste Innozenz X. und Alexander VII. sowie rechtlicher Berater der Rota Romana und Begründer der modernen Rechtsmedizin, berichtete ausführlich über die positiven Auswirkungen der Schokolade.

Es war der gehobene Adel Italiens, der als Erster den Geschmack der Schokolade mit neuen, heimischen Gewürzen variierte und die Urrezeptur der Maya und Azteken veränderte. Man fügte dem Kakao kräftige Aromen wie Jasmin und Ambra (eine Substanz aus dem Verdauungstrakt von Pottwalen, die früher auch zur Parfümherstellung genutzt wurde) hinzu und kreierte neue Rezepte mit frischer Zitronen- oder Limonenschale.

**Altes spanisches Schokoladenrezept**

Eines der ältesten europäischen Schokoladenrezepte wurde um 1644 von dem Spanier Antonio Colmenero de Ledesma aufgezeichnet. Es zeigt eindrucksvoll, welch ungewöhnliche und exotische Kreationen damals in Mode waren.

| | |
|---|---|
| 100 Kakaobohnen | »Ohrenblume« |
| 2 Chilischoten, ersatzweise | (wahrscheinlich eine Asternart |
| schwarzer Pfeffer | mit bitterem Geschmack) |
| 1 Handvoll Anis | |

2 *mecasuchiles* oder zer-
riebenes Buschwindröschen
1 Vanilleschote
60 g Zimt

je 12 Mandeln und Haselnüsse
450 g Zucker
Achiote (Annatto) nach
Geschmack

Alle Zutaten wurden nacheinander in dieser Reihenfolge gemahlen, bis ein Brei entstand. Davon gab man einen großen Löffel voll in ein Gefäß mit heißem Wasser und quirlte das Ganze so lange, bis sich der Brei aufgelöst hatte und einen Schaum bildete. Verfeinert wurde das Ganze mit etwas Sahne und 1–2 Tropfen Bergamottöl.

## Die erste Hürde für den exotischen Neuling: der Klerus

Vor allem zwei Faktoren waren für den Erfolg der Schokolade ausschlaggebend: die Kirche und die Medizin. Bevor die Schokolade jedoch in kirchlichen Kreisen anerkannt werden konnte, musste ein schier unüberwindliches Hindernis aus dem Weg geräumt werden, speziell in allen katholischen Ländern wie Spanien, Italien und Frankreich: das Fasten. Eine vehement umstrittene Frage erregte die Gemüter: Ist Schokolade ein Getränk oder eine Speise? Ein Teil des Klerus tendierte zum Getränk, ein anderer zur Speise. Noch ein dritter plädierte sogar auf beides – Getränk *und* Speise. Fatal für die Katholiken wäre es geworden, wenn man sich für beides entschieden hätte. Denn dann wäre es nicht möglich gewesen, zwischen Mitternacht und dem Heiligen Abendmahl während der 40 Tage andauernden vorösterlichen Fastenzeit sowie an sonstigen Fastentagen Schokolade zu sich zu nehmen.
Zur Gruppe derer, die die Schokolade als Getränk ansahen, gehörten unter

anderen die Jesuiten, die einen schwunghaften Handel mit den Kakaobohnen betrieben. Gegensätzlicher Meinung waren vor allem die puritanischen Dominikaner – die zur damaligen Zeit aus Prinzip gegen alles waren, was die Jesuiten befürworteten. Sie argumentierten, dass die Schokolade zu nahrhaft sei, um nicht als Speise zu gelten. Die Frage, wer denn nun im Recht sei, wurde wiederholt an verschiedene Päpste herangetragen, die glücklicherweise alle (die meisten selbst ausgewiesene Liebhaber der Schokolade) entschieden, dass das Streitobjekt ein Getränk sei und daher das Fasten nicht breche. Anders als das Kaffeetrinken blieb der Schokoladenkonsum zunächst im Wesentlichen auf den Süden Europas, auf Spanien und Italien, beschränkt. Man könnte, wie das der Publizist und Historiker Wolfgang Schivelbusch in anregender Weise getan hat, den Kaffee als ein »protestantisch-nördliches Getränk« und die Schokolade als ihr »katholisch-südliches Gegenstück« bezeichnen.

## Die europäische Heilkunde integriert den Kakao

Dass auch die damalige Medizin für den Durchbruch der Schokolade sorgte, erklärt sich einleuchtend vor dem Hintergrund der medizinischen Theorien des ausgehenden Mittelalters. Die damals in Europa angewandten medizinischen Grundlagen hatten ihren Ausgangspunkt in der von der griechischen Antike überlieferten sogenannten Humoralpathologie. Diese Theorie besagt, dass Krankheiten durch eine fehlerhafte Mischung der Körpersäfte (Blut, Schleim, gelbe und schwarze Galle) entstehen. Diesen vier Körpersäften wurden die Elemente Feuer, Wasser, Luft und Erde sowie die Temperamente (Gemütszustände) gleichgesetzt.

*3 Nachdem Kirche und Medizin dem Kakao*
*ihren Segen gegeben hatten, war sein Siegeszug*
*nicht mehr aufzuhalten.*

Diese Theorie wurde von Galenos von Pergamon (geb. ca. 130 v. Chr.) – bekannt auch als Galen – noch erweitert, indem er behauptete, dass die Körpersäfte jeweils heiß oder kalt sowie feucht oder trocken sind (Blut zum Beispiel ist seiner Lehre nach heiß und feucht). Galen, früh zum Arzt der römischen Aristokratie aufgestiegen, liebte es, mit Gegensätzen zu heilen. So behandelte er »heißes« Fieber mit einem »kalten« Heilmittel. Auch die Nahrungsmittel wurden in dieses System eingeordnet. Die Wirkungsgrade seiner Wirkstoffe unterschied er folgendermaßen: kaum merklich; mit den Sinnen deutlich wahrnehmbar; heftig, leicht schädigend; und heftig, zerstörend.

Damit die Schokolade auch für die Medizin interessant und in Europa Fuß fassen konnte, musste auch sie in dieses – aus heutiger Sicht eher seltsam anmutende – System eingeordnet werden. Zu diesem Zweck reiste der spanische Hofarzt Francisco Hernández de Toledo um 1570 nach Veracruz, um im Auftrag Philipps II. die dort einheimischen Pflanzen zu begutachten. Den Kakao klassifizierte er gemäß Galens System als »dem Wesen nach gemäßigt« mit einer Tendenz zum »Kalten und Feuchten«. Entsprechend lautete die Indikation für Kakao oder Schokolade »ideal bei heißem Wetter und zur Behandlung von Fieber«.

Letztendlich waren für den Erfolg der Schokolade vor allem die »gesundheitsfördernden« Gewürze entscheidend. Die, so urteilten Hernández und seine Kollegen, seien überwiegend »heiß« und eigneten sich zum Beispiel gegen Magenschmerzen und Koliken. Auch wenn die Meinungen immer wieder auseinandergingen, Schokolade wurde grundsätzlich als gesund und nahrhaft anerkannt und setzte sich, sicherlich auch wegen ihres angenehmen Geschmacks, als das beliebteste Getränk der europäischen Elite durch.

## Die Schokolade erreicht den deutschsprachigen Raum

Im 17. Jahrhundert erreichte der Kakao schließlich auch Deutschland und seine Nachbarländer. Wenig verwunderlich tauchte er zunächst in den Apotheken als Arzneimittel auf. Ein zeitgenössischer Apotheker schrieb: »*Es stärcket nemlich der Cacao den Magen, macht Lebensgeister hurtig, verdünnt die Säfte und Geblüth, hilft zur Venus-Lust, stärcket das Haupt, lindert Schmerzen und ist sein Lob sowohl als Nahrung wie als Medicament nicht genug fast zu beschreiben.*«

Dass dem Trank zu damaliger Zeit auch eine im Wortsinn »dunkle« Seite nachgesagt wurde, geht aus einem Brief der Marie Marquise de Sévigné (um 1675) an ihre Tochter hervor: »*Die Marquise de Coetlogon hat während ihrer Schwangerschaft so viel Schokolade getrunken, dass sie einen Knaben gebar, der war schwarz wie der Teufel und starb nach wenigen Tagen!*«

Im Jahr 1673 eröffnete in Bremen ein Niederländer, Jan Jantz von Huesden, eine Kaffeestube mit einer Lizenz für den Ausschank von Schokolade und Kaffee sowie deren Herstellung. Diese Lizenz galt allerdings nur ein halbes Jahr. Der spätere Werdegang des als lustig und gewitzt geltenden Jan von Huesden ist nicht bekannt. Möglicherweise haben die zehn Prozent Luxussteuer, die die Stadt Bremen auf den Kakao erhob, den Unternehmergeist des Geschäftsmannes langfristig gebremst, man weiß es nicht.

Zu Beginn des 18. Jahrhunderts stieg der sowieso schon hohe Preis der Schokolade noch weiter an. Friedrich Wilhelm II., König von Preußen, erhob eine Art »Kakao- oder Schokoladensteuer«, um offiziell den Import dieser Luxusware zu reduzieren. Inoffiziell glaubten ihm das nicht einmal seine engsten Freunde und Berater. Der noch inoffiziellere Hintergrund dürfte die ewig klamme Kriegskasse Preußens gewesen sein.

Zu der Zeit gab es noch keine Unterschiede zwischen Kakaopulver und Tafelschokolade, da die Technik der Entölung noch unbekannt war. Kakao wurde zu Tafeln gepresst gehandelt, rohe Platten, die weder Zucker noch Milch enthielten, von denen Stücke abgebrochen und gewogen wurden. Die Schokoladenstücke waren nicht direkt zum Verzehr bestimmt, sondern wurden mit Wasser und Zucker, je nach Geschmack und Geldbeutel, zu einem Getränk zubereitet.

Friedrich der Große galt, wie viele Persönlichkeiten seiner Zeit, als Kenner und Liebhaber der Schokolade. Auch Goethe und Schiller ließen sich von ihr verführen. Auf seinen Reisen ließ sich Goethe von zu Hause seine ganz spezielle Schokolade von der Firma Riquet nachschicken, denn: »*Wer eine Tasse Schokolade getrunken hat, der hält einen ganzen Tag auf der Reise (in der Kutsche) aus. Ich tue es immer, seit Herr von Humboldt es mir geraten hat.*« Mit dem Gründer der Firma, Jean George Riquet, verband ihn ein reger, freundschaftlicher Briefwechsel, in dem er den guten Einfluss der Schokolade auf seine Gesundheit hervorhob.

Laut Brockhaus wurde die erste Schokoladenfabrik Deutschlands 1765 von Prinz Wilhelm von der Lippe in Steinhude gegründet. Genau genommen war es eher eine Manufaktur, denn die Produktion erfolgte in reiner Handarbeit. Die Arbeiter stammten zum überwiegenden Teil aus Portugal.

4 *Erst durch den Milchanteil in der Schokolade lässt sich diese in beliebige Formen gießen.*

## Das fremde Getränk – Fluch oder Segen?

Die Schokolade und ihre Wirkungen auf Körper und Geist wurden damals durchaus kontrovers diskutiert. Besorgt äußerte sich Christoph Meiners, Professor für Philosophie in Göttingen, der in seinen *Briefen über die Schweiz* mit Blick auf das Berner Oberland festhielt:

*»Auch hier hörte ich den Widerhall der Klagen, die in allen gebirgigen Gegenden der Schweiz erschallen, dass ausländische Pracht, und besonders überhandnehmende Völlerey, die alte Unschuld und Einfalt verdrängen, wodurch die Bewohner des Thals vormals so glücklich waren. Der Missbrauch hitziger Getränke [Schokolade, Anm. d. Autors] verdirbt hier nicht nur die Sitten, sondern viel schneller als anderswo, den Cörper!«*

Noch im 18. Jahrhundert galt Schokolade als fremdes – geradezu unschweizerisches – und exotisches Importprodukt, das der traditionellen Ernährung widersprach. Die etwa in der zweiten Hälfte des 18. Jahrhunderts einsetzende Alpen- und Schweiz-Begeisterung im Ausland und die Idealisierung des Hirtenlebens, die Reduzierung der Schweizer auf ein Volk von Hirten, *»reinen, freiheitsliebenden, starken, harmonischen und gesunden Alpenbewohnern«*, konnten dem Volk nicht gefallen. Es sperrte sich sehr lange gegen diese ausländischen Einflüsse. Erst ab Mitte des 19. Jahrhunderts erlebte die Schokoladenindustrie, die vorher im internationalen Vergleich unbedeutend war, mit der Entwicklung der Milch- und Schmelzschokolade (bzw. des Conchierens; s. Glossar auf Seite 161) einen rasanten Aufstieg. Die Bezeichnung »Schweizer Schokolade« etablierte sich erst zu Beginn des 20. Jahrhunderts.

## Entwicklung zum Massenprodukt

Während in Berlin die Schokolade noch als teures Stärkungsmittel umgesetzt wurde, eröffnete 1821 in Leipzig die Konditoreiwarenhandlung Wilhelm Felsche mit einer eigenen Produktion. Im 1835 angefügten »Café français« trafen sich Adel und Wohlhabende, um bei einer Tasse Schokolade zu plaudern und den neuesten Klatsch auszutauschen.

Die Steuern und Zölle auf Kakao wurden allmählich deutlich gesenkt oder ganz abgeschafft, was den Umsatz nur förderte. Mit dem Beginn der Industrialisierung wurde auch in den Schokoladenbetrieben immer mehr auf Maschinenkraft gesetzt. Eine der ersten deutschen Fabriken der Branche, die Dampfmaschinen einsetzten, war 1804 die Firma J. F. Miethe in Halle/Saale. Auch die Geburt der Milchschokolade fällt in diese Zeit: Im Jahr 1823 gründeten Gottfried Jordan und August Friedrich Timaeus in Dresden eine Fabrik zur Herstellung von Schokolade, Zichorienkaffee und Nudeln. Sie entwickelten im Jahr 1839 die Milchschokolade noch vor dem in diesem Zusammenhang oft erwähnten Schweizer Daniel Peter. Der Vorteil des Milchanteils in der Schokolade war – neben dem typischen Schmelz und einem verbesserten Geschmack –, dass die Herstellung kostengünstiger war und dass man die Schokolade ab sofort in jede beliebige Form gießen konnte.

Der Aufschwung der Schokoladenindustrie setzt sich in der zweiten Hälfte des 19. Jahrhunderts weiter fort. Grund dafür ist die Einigung Deutschlands nach dem Deutsch-Französischen Krieg (1870–1871), der zu einem Gründerboom führt. Gefördert von französischen Reparationszahlungen und dem erleichterten Handel zwischen den deutschen Ländern blüht die gesamte deutsche Wirtschaft auf.

27

Der Krieg selbst ist für die deutschen Schokoladenproduzenten ein Gewinn, weil die hervorragenden französischen Produkte für einige Zeit vom Markt verschwinden und die Lücke von deutschen Produzenten besetzt werden kann. Zucker, bislang aus Rohrzucker gewonnen und wie der Kakao ein teures Importgut, kann seit Mitte des 19. Jahrhunderts kostengünstiger aus heimischen Zuckerrüben gewonnen werden. Das wirkt sich auf den Schokoladenpreis aus, und damit steigt der Teil der Bevölkerung, der sich die Süßigkeit leisten kann. Das neu entstandene Bürgertum ist nun die Hauptzielgruppe der Produzenten.

Eine weitere Ursache für den Schokoladenboom war sicherlich eine Erfindung von Casparus van Houten (1770–1858), einem niederländischen Schokoladenfabrikanten. Einigen unter Ihnen ist sicher das »Van Houten-Kakaopulver« bekannt und in bester Erinnerung. Dieser Casparus van Houten gründete 1815 in Amsterdam eine Schokoladenfabrik, in die später sein Sohn Coenraad Johannes eintrat. Vater Casparus empfand die Verarbeitung der fetten Kakaomasse als sehr aufwendig und zeitintensiv. Mit dem Aufkommen des Maschinenzeitalters beeindruckte ihn die Technik einer hydraulischen Presse, die er auf einer Industriemesse in Amsterdam sah. Er erwarb eine dieser Maschinen, experimentierte und veränderte diese Presse in kürzester Zeit so, dass sie den Fettgehalt der Kakaomasse von 54 Prozent Kakaobutter auf die Hälfte reduzieren konnte. Im Jahre 1828 ließen sich Vater und Sohn die hydraulische Presse patentieren. Ein sehr kostengünstiges Verfahren, denn die nach der Pressung zurückbleibende, weniger fetthaltige Masse ließ sich leichter zu Pulver trocknen.

Durch die Vermengung des Kakaopulvers mit Natriumcarbonat (Soda) erreichte Coenraad eine bessere Löslichkeit in Wasser, wobei gleichzeitig der

5  *Die ersten Pralinen – wie diese mit Pistazien –
kamen schon um 1880 auf den Markt.*

pH-Wert stieg und sich Farbe und Geschmack verbesserten. Noch heute ist das Verfahren von Vater und Sohn van Houten unter dem Namen »Dutching« bekannt.

Durch das Patent hatte van Houten eine gewinnbringende Monopolstellung – wenigstens eine Zeit lang. Die aufmerksame Konkurrenz übernahm das Verfahren 1838 – der Sohn hatte vergessen, das Patent zu erneuern.

## Schokolade für jeden Geschmack

Ende des 19. Jahrhunderts war die Schokolade endgültig auf dem Sprung, zum reinen Genussmittel zu werden. Während sie auf dem Lande noch von fahrenden Händlern an die Bevölkerung verkauft wurden, entstanden in den Städten zunehmend spezialisierte »Chocolaterien«.

Das Angebot der Hersteller war schier unüberschaubar. Zum Sortiment gehörten Schokolade in Blöcken und Tafeln, Kakaopulver, Kochschokolade, Pulver für Trinkschokoladen sowie die neuerdings in Mode gekommenen Hohlfiguren. So bietet die Firma Sarotti schon 1880 Pralinen mit Ananas, Himbeere, Vanille, Mokka, Erdbeere, Nuss, Pistazie und Nugat an, ohne jeden künstlichen Zusatz von Aromen und Geschmacksverstärkern – das waren noch Zeiten.

Einige wenige Erzeugnisse der damaligen Zeit entsprachen allerdings nicht unbedingt dem Publikumsgeschmack: Um den Genuss etwas kostengünstiger und die Marge einträglicher zu gestalten, mischten oder ersetzten diverse Hersteller den Kakao mit Racahout, einem Kakaoersatz aus Eicheln. Auch der aus den Schalen der Kakaobohne gekochte Kakaotee konnte sich nicht durchsetzen.

## Qualitätssicherung damals ...

Um einem »Wildwuchs« diverser kleinerer Hersteller mit allerlei Kakao-Ersatzstoffen einen Riegel vorzuschieben, wurde in Dresden 1877 der *Verband deutscher Schokoladenfabrikanten* gegründet. Seine Richtlinien sollten vor allem für eine hohe Qualität der Schokolade sorgen. Viele Hersteller kamen bei steigendem Umsatz auf die Idee, eine gewisse Menge des teuren Importprodukts durch billige Ersatzstoffe zu ersetzen. Was so alles als undeklarierte Beimischung entdeckt wurde, zeigt eine der ersten Anzeigen des Verbandes: Als Ersatz für Kakao fand man verschiedene Getreidemehle, Kartoffelstärke, Bohnen- und Erbsenmehle (diese Erzeugnisse waren besonders stark gezuckert und wurden im Volksmund »Furzbröckchen« genannt!), aber auch Kreide, Ziegelsteinpulver und Gips. Um Kakaobutter zu sparen, kamen zum Einsatz: Talg, Kokosnuss-, Oliven- oder Mandelöl.
Dies hat sich Gott sei Dank in der folgenden Zeit zum Vorteil des Verbrauchers geändert.

## ... und heute

In Deutschland und in der EU ist die Schokoladenherstellung relativ streng geregelt. Die EU-Richtlinie 2000/36/EG des Europäischen Parlaments und des Rates vom 23. Juni 2000 – in Deutschland durch die Kakao- und Schokoladenverordnung umgesetzt – regelt auf knapp zwölf DIN-A4-Seiten so ziemlich alle Facetten des Einkaufs, der Herstellung bis hin zur Verpackung von Kakao- und Schokoladenprodukten.

# Kakao und Schokolade heute

## Botanik und Anbaugebiete

Wurden Kakaobäume (wissenschaftlicher Name: *Theobroma cacao*) anfangs nur in den Bereichen der Karibik und des brasilianischen Urwalds kultiviert, so erstreckt sich ihr Anbaugebiet heutzutage über die gesamten Tropen bis etwa 20 Grad nördlicher und südlicher Breite. Nur in diesem »Kakaogürtel« beidseits des Äquators ist es ausreichend feucht und warm, damit die Bäume optimal gedeihen können. Neben verhältnismäßig hohen Temperaturen und Niederschlägen schätzt der Kakaobaum auch Schatten. Diese noch aus seiner amazonischen Vergangenheit stammende Eigenschaft wird genutzt, indem er in Mischpflanzungen mit höherwüchsigen Bäumen (Kokospalmen, Bananenstauden, Kautschuk, Avocado oder Mango) kultiviert wird. Durch die Beschattung wächst der Baum nicht höher als sechs Meter. Ohne Schatten könnte er gut 15 Meter erreichen, allerdings bei geringerem Ernteertrag.

Der immergrüne Kakaobaum blüht im Alter von fünf bis sechs Jahren zum ersten Mal. Unter günstigen Voraussetzungen blüht er ganzjährig. Bestäubt werden die Blüten von kleinen Mücken. Die, je nach Sorte, grüngelben bis roten Früchte werden bis zu 30 Zentimeter lang und wiegen bis zu 500 Gramm. Sie enthalten bis zu 50 im Fruchtfleisch eingebettete Samen – die sogenannten Kakaobohnen.

Mittlerweile haben sich die großen Anbaugebiete nach Afrika verlagert. Allein an der Elfenbeinküste wird etwa ein Drittel der weltweiten Kakaoernte produziert. Im Jahr 2012 betrug die Gesamtproduktion der zehn größten Anbauländer fünf Millionen Tonnen, das entspricht 94 Prozent der Gesamternte.

Seit 2012 führten Produktionsrückgänge und Preisspekulationen durch Hedgefonds dazu, dass die Kakaopreise innerhalb von rund zwei Jahren um 150 Prozent gestiegen sind – von ca. 1600 US$/Tonne im August 2012 auf 2850 US$/Tonne im Februar 2014. Von diesen extremen Preissteigerungen ist, wie leider so oft, bei der Bevölkerung in den Anbaugebieten nichts angekommen.

## Kakaosorten

Da der nach Europa importierte Kakao ursprünglich fast ausschließlich aus Venezuela stammte, unterscheidet man grob vier verschiedene Kakao-Grundtypen, die allerdings nichts mit der botanischen Verwandtschaft der einzelnen Sorten zu tun haben:

**Criollo** (span.: Einheimischer, Kreole – z. B. die Sorte Ocumare): Als »Criollo« werden alle aus Venezuela stammenden Kakaosorten bezeichnet. Er gilt als der Edelste unter den Edelkakaos. Der Geschmack ist mild, wenig bitter, dafür besitzt er ausgeprägte Nebenaromen.

**Forastero** (span.: Fremdling – z. B. die Sorte Bahia): Diese Kakaosorte wurde relativ spät in Venezuela eingeführt. Ihr Ursprung liegt wahrscheinlich in den Urwäldern Amazoniens. Alle heute kultivierten Kakaosorten gehen vermutlich in ihrem Ursprung auf Forastero und Criollo zurück. Die meisten Forasteros besitzen einen kräftigeren Kakaogeschmack als ein Criollo, sind

weniger aromatisch und teilweise auch bitter oder säuerlich. Dennoch hat diese Sorte aufgrund ihrer Robustheit und hohen Erträge die größte wirtschaftliche Bedeutung und wird heute in fast allen großen Produzentenländern kultiviert.

**Trinitario** (z. B. die Sorte Curapano): Bei diesen ebenfalls später aus Trinidad nach Venezuela eingeführten Kakaos handelt es sich um Hybride aus Criollo und Forastero. Diese Kakaosorten sind oftmals nur leicht säuerlich und schmecken kräftig und aromatisch.

**Nacional** (z. B. die Sorten Arriba, Balao): Diese Kakaos stammen aus Ecuador und zählen ebenfalls zu den Edelkakaos.

## Ein Wort zur Kakaoqualität

Im Gegensatz zur Welt des Weins – kein Kenner würde einen Wein kaufen, ohne sich vorher darüber informiert zu haben, wo und wie der gute Tropfen gewachsen ist und produziert wurde – ist das Wissen um Qualität, Herkunft und Herstellung in der Schokoladenwelt wenig verbreitet. Die Hersteller sind da nicht ganz unschuldig: Etwa 70 Prozent des Weltmarktes werden von einfachen bis sehr einfachen Qualitäten bestimmt – was keine sehr gute Werbung für das Produkt ist, obwohl aus ihnen durch hervorragende Verarbeitung und spezielle Zutaten eine wohlschmeckende Schokolade hergestellt werden kann. Wirklich aufschlussreiche Angaben findet man denn auch auf keiner Verpackung der Massenware – und die meisten Verbraucher fragen auch leider nicht nach, weil sie nur der Geschmack interessiert, nicht aber harte Fakten.

Erfreulicherweise kann man seit einigen Jahren beobachten, dass – auch vor

*6 Die roten Kakaosorten gelten als die hochwertigsten –*
*sie liefern die sogenannten Edelkakaos.*

dem Hintergrund der medizinischen Forschung und ihrer Ergebnisse – zunehmend engagierte Manufakturen mit Edelprodukten und Qualitätsnachweis auf dem Markt ihren Platz finden. Die junge Generation der engagierten Chocolatiers hat sich mit hohem Einsatz darangemacht, große – und in Maßen genossen auch gesunde – Geschmackserlebnisse in der Welt der Schokolade zu erschaffen. Die toskanische Schokoladenmanufaktur Amedei zählt hier zu den herausragenden Repräsentanten. Das kleine Unternehmen hat schon mehrfach die von der Academy of Chocolate in London verliehene *Goldene Bohne* für die beste Schokolade der Welt gewonnen.

Zunehmend ziehen die großen alten Namen des Handwerks nach und produzieren nicht mehr nur billige Massenware, sondern auch erstklassige Qualität wie beispielsweise *Valrhona* in Frankreich, *Caffarel* in Italien, *Lindt* in der Schweiz, *Hachez* in Deutschland oder *Neuhaus* in Belgien, um nur einige zu nennen.

Neben ihren Traditionsprodukten, die seit über 100 Jahren hergestellt werden, setzen auch sie mehr und mehr auf exquisite Köstlichkeiten wie Plantagenschokoladen aus erstklassigen Kakaobohnen.

Auf den Etiketten ihrer Produkte findet man genaue Angaben über die verwendeten Bohnen und die typischen Aromen. Dabei geht es um mehr als eine neue Marketingstrategie, es geht auch um den Stolz, dem gesundheitsbewussten Genießer das Feinste vom Feinen bieten zu können. Zudem bilden Bio-Siegel und Fair-Trade-Abkommen eine begrüßenswerte Gegenbewegung zu umweltschädlichem Anbau, Hungerlöhnen und Kinderarbeit in den Erzeugerländern.

## Die Inhaltsstoffe der Kakaobohne

Bedingt durch unterschiedliche klimatische Bedingungen, Bodengegebenheiten und Umwelteinflüsse kann es in der Zusammensetzung der Inhaltsstoffe zu kleinen Verschiebungen kommen. Im Durchschnitt enthält eine Kakaobohne:

54 % Kakaobutter (Fett)
11,5 % Eiweiß
9 % Cellulose
7,5 % Stärke und Pentosane
(= Schleimstoffe in Pflanzenteilen)
6 % Gerbstoffe (z. B. Tannin) und
farbgebende Bestandteile

5 % Wasser
2,6 % Mineralstoffe und Salze
2 % organische Säuren und Geschmacksstoffe
1,2 % Theobromin
1 % verschiedene Zucker
0,2 % Koffein

Nach heutigem Stand der Wissenschaft (2013) enthält die Kakaobohne darüber hinaus schätzungsweise 300 weitere Inhaltsstoffe in geringeren Mengen. Die gesundheitlichen Aspekte des Kakaogenusses sind nach wie vor Inhalt aktueller Forschungen und noch nicht vollständig geklärt. Immerhin gibt es mittlerweile über 135 Einzelstudien, die einen gesundheitsfördernden Effekt des Kakaos nachweisen konnten. Im Folgenden werden die heilkundlich interessantesten Kakao-Inhaltsstoffe näher beschrieben.

## Medizinisch wirksame Substanzen

**Anandamin:** ein Stoff mit Rauschwirkung, der auch in Cannabis enthalten ist.

**Arginin:** Diese Aminosäure bewirkt über diverse Stoffwechselvorgänge u. a. eine Erschlaffung der sogenannten quer gestreiften Muskulatur und ein Nachlassen der Gefäßspannung. Klinische Studien zeigen, dass Arginin über die daraus resultierende Erweiterung der Gefäße einen erhöhten Blutdruck senken kann. Studien belegen die gesundheitsfördernde Wirkung von L-Arginin bei Gesunden ebenso wie bei Patienten mit Arteriosklerose, endothelialer Fehlfunktion und Bluthochdruck sowie als Therapie von Herz-Kreislauf-Erkrankungen zugrunde liegenden Stoffwechselstörungen.

**»CocoHeal«:** eine von Wissenschaftlern der Uni Münster neu entdeckte Stoffklasse im Kakao. Sie fördert das Wachstum der Hautzellen und damit die Wundheilung, repariert Hautschäden, beugt Falten vor und verringert das Risiko für Magengeschwüre.

**Dopamin:** ein Nervenbotenstoff, der in der Medizin bei Schockzuständen, sehr niedrigem Blutdruck oder Nierenversagen angewendet wird; in Form von L-Dopa bei der Parkinson-Krankheit und unruhigen Beinen (Restless-Legs-Syndrom). Dopamin wirkt auch stimmungsaufhellend.

**Epicatechin:** Dieses erst kürzlich im Kakao entdeckte Flavonol (s. auch dort) sorgte in der wissenschaftlichen Fachwelt für einiges Aufsehen, nachdem der Harvard-Professor Norman Hollenberg aus einer Studie schlussfolgerte, dass die Substanz das Auftreten von vier der fünf häufigsten Krankheiten der westlichen Welt (Krebs, Schlaganfall, Herzinfarkt und Diabetes) auf weniger als zehn Prozent senken könnte. Er verglich dafür über vier Jahre die in den

Totenscheinen angegebenen Todesursachen von Bewohnern von Guna Yala (einem autonomen Gebiet an der Ostküste Panamas, früher San Blas), die einen sehr ausgeprägten Kakaokonsum aufweisen, mit denen der Bewohner des angrenzenden Festlands von Panama, die deutlich weniger Kakao zu sich nehmen. Dabei bestätigte sich ein eindeutiger statistischer Zusammenhang zwischen Erkrankung bzw. Gesundheit und Kakaokonsum.

*Leichter lernen mit Schokolade?*
Eine nicht nur für Schüler und Studenten hoffnungsfrohe Meldung über den Wirkstoff Epicatechin brachte der Deutschlandfunk in seiner aktuellen Berichterstattung »Forschung« am 27. September 2012: »Was viele sich längst gedacht haben, hat ein Experiment zumindest für Schnecken nachgewiesen. Kanadische Forscher hatten sich für ihre Experimente die Sitzhornschnecke ausgeguckt, die in Tümpeln, Seen und Flüssen lebt. Sie eignet sich besonders gut, um grundlegende Gedächtnisprozesse zu untersuchen – erläutern die Forscher im »Journal of Experimental Biology«. Das Ergebnis der Studie: Die Substanz Epicatechin – die in Schokolade, grünem Tee und Rotwein zu finden ist – erhöht das Langzeitgedächtnis der Schnecken. Sie wirkt direkt auf die Nervenzellen im zentralen Nervensystem.«

**Flavonole:** Sie sind die vermutlich am besten untersuchte Stoffklasse im Kakao (s. a. den Abschnitt »Epicatechin« weiter oben). Bereits im November 2006 wurde auf einer Jahrestagung amerikanischer Herzspezialisten in Chicago bekannt, dass bioaktive Verbindungen in dunkler Schokolade die Verklumpung der Thrombozyten (Blutplättchen) deutlich vermindern und damit für eine gewisse Blutverdünnung sorgen. Schweizer Kardiologen hatten diesen Effekt ebenfalls beobachtet und bezeichneten Schokolade mit über 70 Prozent Kakaoanteil gar als »süßes Aspirin«. Zwei Eigenschaften der Flavonole scheinen ursächlich für diese positiven gesundheitlichen Effekte zu sein: Einerseits wirken sie stark antioxidativ (50 g dunkle Schokolade enthalten so viele Antioxidantien wie 15 Gläser frisch gepresster Orangensaft oder sechs reife Äpfel). Andererseits sorgen sie für eine bessere Bereitstellung von Stickstoffmonoxid (NO) in den Gefäßen, wodurch z. B. Ablagerungen (Plaques) und Schädigungen durch das Rauchen verhindert bzw. abgemildert werden. Aber die Flavonole können noch mehr: In einer Kernspinuntersuchung wurde eine wesentlich verbesserte Hirndurchblutung nach Kakaoverzehr nachgewiesen, zusammen mit einer deutlichen Blutdrucksenkung. Laboruntersuchungen zeigten einen erstaunlichen Anstieg des »guten« HDL-Cholesterins bei gleichzeitiger Senkung des »schlechten« LDL-Cholesterins. Und bei normalgewichtigen Personen und Personen mit erhöhtem Blutdruck verbesserte sich die Insulinempfindlichkeit, wodurch das Risiko für Diabetes Typ 2 verringert wird.

Und nicht zuletzt haben Dermatologen entdeckt, dass der regelmäßige Verzehr von flavonolhaltigem Kakao in dunkler Schokolade die gesunden Hautfunktionen signifikant fördert und dadurch die Hautalterung erheblich verzögern kann. Die Haut wird glatter, ihr UV-Eigenschutz erhöht sich und die Hautfeuchtigkeit nimmt zu.

**Magnesium:** wirkt entzündungshemmend, muskelentspannend und kann neueren Studien zufolge Arteriosklerose entgegenwirken.

**Polyphenole:** gehören zu den Antioxidantien. Studien belegen, dass bestimmte in Kakao und Schokolade vorkommende Polyphenole vom Magen-Darm-Trakt aufgenommen werden und eine positive Wirkung auf den Organismus ausüben. Vor allem Catechine und Procyanidine scheinen antiatherogen (d. h. gegen Ablagerungen in den Blutgefäßen) zu wirken. In Bezug auf diese gefäßschützende Eigenschaft sind Kakao und Schokolade anderen Lebensmitteln wie Tee, Rotwein, Obst und Gemüse, die schon seit Längerem auf ihre antioxidativen Eigenschaften hin wissenschaftlich untersucht werden, durchaus ebenbürtig. So schreibt Prof. Dr. Irmgard Bitsch vom Institut für Ernährungswissenschaften an der Justus-Liebig-Universität Gießen, dass sich »*sowohl im Kakao als auch in der Schokolade erhebliche antioxidative Kapazitäten nachweisen lassen, die beispielsweise im Kakaogetränk genauso hoch sind wie in einem Aufguss grünen Tees*«.

**Serotonin:** Der in der Natur weitverbreitete Nervenbotenstoff (er ist auch in Walnüssen, Ananas, Bananen, Kiwis, Pflaumen und Tomaten in größeren Mengen enthalten) entfaltet zahlreiche positive Wirkungen, z. B. auf das Herz-Kreislauf-System, die Blutgerinnung, den Magen-Darm-Trakt, die Augen. Vor allem aber wirkt es auf unser Zentralnervensystem – und damit auf die Stimmung, den Schlaf-wach-Rhythmus, Appetit und Schmerzempfinden. Nicht umsonst wird das Serotonin auch als Glückshormon bezeichnet.

**Theobromin:** Es war der schwedische Naturforscher und Begründer unserer modernen botanischen Taxonomie Carl von Linné, der im 18. Jahrhundert als Erster das Theobromin in der Kakaobohne bestimmen konnte und ihm auch seinen Namen gab (von griech. *theos* = Gott und *broma* = Speise), also etwa »Speise der Götter«. Es besitzt eine dem Koffein ähnliche anregende Wirkung. Auch in der Kolanuss, den Blättern der Teepflanze *Camellia sinensis* und dem

Matestrauch ist es enthalten. Dunkle Schokolade enthält 3–10 Gramm Theobromin pro Kilogramm, Milchschokolade höchstens 1 Gramm.

Theobromin wirkt auf den Organismus mild und dauerhaft anregend sowie
leicht stimmungsaufhellend. Für Hunde, Katzen und Pferde ist es dagegen giftig, weshalb man bei ihnen auf schokoladige »Leckerli« besser verzichten sollte.

**Tryptophan:** dient dem Körper u. a. als Vorstufe für Serotonin (s. o.), gilt als
natürliches Antidepressivum.

**Tyramin:** entsteht bei der Zersetzung von Eiweißen und ist ein natürlicher
Begleitstoff von Lebensmitteln, die mithilfe von Gärung oder Fermentation
hergestellt werden (viele Käsesorten, Rotweine oder eben Schokolade). Ein
Zuviel kann bei Migränepatienten einen Anfall auslösen.

Zurzeit wird daran geforscht, wie man durch eine Verbesserung der Verarbei-
tungsprozesse der Kakaobohnen den Gehalt dieser wichtigen Inhaltsstoffe in
den Endprodukten steigern kann und inwieweit sich auch deren Bioverfüg-
barkeit (d. h. die Aufnahme aus dem Darmtrakt) beeinflussen lässt.

*Die wichtigsten gesundheitlichen Wirkungen von Schokolade auf
einen Blick*

Die Inhaltsstoffe in qualitativ hochwertigem Kakao und Kakao-
produkten können

- einen erhöhten Blutdruck senken
- Gefäßablagerungen und damit Arteriosklerose, Herzinfarkt und
  Schlaganfall vorbeugen

- das Risiko vermindern, ein Magengeschwür zu entwickeln
- blutverdünnend und damit durchblutungsfördernd wirken
- das »schlechte« Cholesterin im Blut senken und das »gute« erhöhen
- Typ-2-Diabetes vorbeugen
- vorzeitiger Hautalterung entgegenwirken
- die Heilung von Wunden und Hautschäden unterstützen
- die Stimmung aufhellen und mild anregend wirken.

## Das Dilemma mit den Kalorien

Da bekanntlich jede Medaille zwei Seiten hat, sei kurz auf ein Dilemma eingegangen, das nicht wenige Menschen betrifft: der Spagat zwischen Genuss und Gewichthalten. Und die Schokolade ist mit ihren je nach Sorte etwa 550 Kalorien pro 100 Gramm per se nicht gerade ein »Leichtgewicht«.

In vielen Nahrungsmitteln befinden sich drogenähnliche Stoffe, die Essen und Trinken zu einem lustvollen Abenteuer werden lassen, indem sie im Organismus die Produktion von »Wohlfühlstoffen« anregen. Der Genuss zuckerhaltiger Lebensmittel – wie z. B. der in unseren Breiten meist stark gezuckerten Kakaoerzeugnisse – führt zu einer Ausschüttung des Hormons Insulin. Dies wiederum bewirkt, dass im Gehirn mehr Serotonin (s. o.) gebildet wird, welches das erhoffte Wohlgefühl erzeugt. Hat der Körper erst einmal gelernt, dass sich das Lebensgefühl auf diese Weise schnell heben lässt, verlangt er immer wieder danach. Dies erklärt die Naschsucht vieler Frustesser, die unangenehme Gefühlszustände »wegessen«, ohne dass der Körper

Hunger signalisiert hätte. Beim Kaffee, dem »Suchtmittel Nr. 1« hierzulande, ist es übrigens ähnlich. Das darin enthaltene Koffein hebt den Serotoninspiegel und damit die Laune. Kein Wunder, dass viele Menschen auf ihren Morgenkaffee für einen guten Start in den Tag schwören.

Wie lassen sich nun Schokoladengenuss und schlanke Linie miteinander vereinbaren? Achten Sie unbedingt auf Qualität. Schokolade ist nicht gleich Schokolade. Meiden Sie stark zuckerhaltige Sorten und greifen Sie stattdessen lieber zu möglichst dunkler Schokolade. Sie ist gesünder, wie Sie weiter oben bereits erfahren haben, und weniger suchtfördernd. Und genießen Sie nach dem Prinzip »Weniger ist mehr«. Ein kleines Stück hochwertige Bitterschokolade, bewusst genossen, macht glücklicher als eine im Frust heruntergeschlungene Tafel eines Billigproduktes – sowohl im Augenblick als auch später auf der Waage.

# Die Rezepte

Es gibt zahllose Arten der Schokoladenzubereitung und zumindest in der Vergangenheit waren sie in der Regel stark regional und traditionell geprägt. Wie unendlich vielfältig die Möglichkeiten sind und wie einfallsreich die Schokoladenköchinnen und -köche zu allen Zeiten waren – das zeigen die ausgewählten Rezepte in diesem Teil des Buches. Machen Sie sich auf die Suche nach Ihrem ganz persönlichen Lieblingsrezept.

Sofern nichts anderes angegeben ist, sind alle Rezepte für 4 Personen berechnet und die Backofentemperaturen gelten für Ober-/Unterhitze.

## Verzeichnis der Rezepte

## Traditionelle europäische Schokoladenrezepte

Bei uns in Europa wird eine Trinkschokolade üblicherweise aus Bitter- oder Milchschokolade und – je nach Region – Wasser, Milch oder einer Mischung aus beidem zubereitet und häufig schaumig aufgeschlagen. Auch ist es regional üblich, die Trinkschokolade durch Zugabe von Stärke (Spanien), Eigelb (Österreich) oder zusätzlichem Kakaopulver (Italien) zu legieren, um so eine eher dickflüssige Konsistenz zu erreichen. Diese Zubereitungen unterscheiden sich in Intensität und Süße zum Teil sehr deutlich. In der Regel wird die Trinkschokolade heiß zubereitet.

*Mittelamerikanische Trinkschokolade heute*

Im Gegensatz zu unseren europäischen Gepflogenheiten werden auch heute noch beispielsweise in Mexiko und Jamaika ganze, geröstete Kakaobohnen für die Zubereitung von Trinkschokolade verwendet. Zu einer festen Paste vermahlen, ist die Kakaobohnen-Grundmasse dort in Tabletten- bzw. Kugelform im Handel erhältlich. Üblicherweise wird der Kakao mit heißem Wasser schaumig aufgeschlagen und mit Gewürzen wie Cayennepfeffer, Chili, Kardamom, Salz, Zucker oder Lemongras verfeinert. Die Schokoladen schmecken für europäische Gaumen ungewöhnlich. Trotzdem sollte man sie einmal probieren, wenn man sich in diesen Ländern aufhält.

Eine weitere Möglichkeit zur Herstellung eines Schokoladengetränkes ist das Kakaopulver. Im Handel wird es stark oder schwach entölt angeboten. Das Pulver wird ebenfalls mit Milch, Wasser oder einer Mischung aus beiden zubereitet. Mancher gibt auch Sahne hinzu. Da Kakaopulver ohne Zusätze (im Gegensatz zu den üblichen Instantprodukten wie z. B. Kakaogranulate) in kalter Flüssigkeit nur schwer löslich ist, rührt man es am besten zunächst mit wenig Flüssigkeit zu einem Brei an, der dann in die heiße Flüssigkeit gerührt (diese Methode bewahrt das Aroma am besten) oder zusammen mit der Flüssigkeit unter Rühren erhitzt wird.

Für alle schokoladen- und kakaohaltigen Getränke gilt, dass sie nur erhitzt, aber auf keinen Fall gekocht werden sollten, da sonst das Aroma des Kakaos leidet.

Alle diese Zubereitungen können natürlich zusätzlich mit Gewürzen aromatisiert werden. Traditionell gern verwendet werden bei uns Vanille und Zimt. In jüngster Zeit ist auch Chili hierzulande wieder in Mode gekommen. Aber auch Spirituosen wie Weinbrand, Wodka, Whisky oder Rum eignen sich zum Aromatisieren. Ein bekanntes Schokoladengetränk mit Rum ist der *Lumumba*.

### Die Rezepte von St. Disdier

In St. Disdier, einem kleinen Dorf im französischen Departement Hautes-Alpes, hält die Gemeinde bis heute die Rezepturen ihres Namensgebers, einem glühenden Anhänger der süßen Schokaladenverführung, in hohen Ehren. Dieser Glaubensbruder schätzte nicht nur den Genuss von Trinkschokolade, sondern er erfand, entwickelte und sammelte auch eine große Anzahl von Rezepten (um 1692). Seine Spezialität war es, alle Rezepte auch zu beurteilen und zu benoten. Im Folgenden seine drei Lieblingsrezepte:

1. Variante *(sehr gut)*
900 g geröstete Kakaobohnen
680 g Cassonade (Zucker)
6 Drachmen (20 g) Vanillepulver
4 Drachmen (15 g) Zimtpulver

2. Variante *(ausgezeichnet)*
900 g geröstete Kakaobohnen
750 g Zucker
28 g Vanillepulver
4 Drachmen (15 g) Zimtpulver

3. Variante *(ein Hochgenuss für alle, die nicht befürchten, zu viel davon zu verzehren)*
900 g geröstete Kakaobohnen
450 g feiner Zucker
3 Drachmen (9 g) Zimt
1 Skrupel (7 g) Nelkenpulver
1 Skrupel (7 g) indianischer Pfeffer (Chili)
35 g Vanille

*»Man zermahle die gerösteten Kakaokerne zusammen mit dem Zucker auf einem erwärmten Stein und rühre dann die Gewürze unter die Masse. Um das Getränk in einer Chocolatière zuzubereiten, bringe man 140–205 ml Wasser mit 35 g Zucker zum Kochen (je größer die Hitze, desto besser), gebe die zerbrochenen Schokoladestücke hinzu und verquirle das Ganze. Der Schaum wird noch besser, wenn man das Gemisch nach dem kurzen Aufkochen sieden lässt.«*

Geröstete Kakaobohnen bekommt man z. B. im Internet-Versandhandel. Zum Zerreiben gibt es im Haushaltswarenhandel Reibesteine aus Granit. Sie können aber auch einen Reibewolf verwenden.

### Gretes heilkräftige Schokoladen
Eine bekannte Heilerin aus dem Oberhessischen, Grete F., kannte für jede Gelegenheit und jedes Wehwehchen die passende Schokoladenzubereitung.

1. Variante

Dieses Rezept empfahl Grete grundsätzlich an kalten Tagen, aber auch speziell bei Schwächezuständen jeder Art sowie unterstützend bei Fieber.

*»In ein großes Wasserglas gibt man heißen Weißwein* (Grete bevorzugte Kröver Nacktarsch – kein Witz) *und rührt ¼ Teelöffel Bienenhonig, 1 Messerspitze Cayennepfeffer, 1 Messerspitze Vanillepulver, 1 Prise frisch geriebene Muskatnuss und 1 Eigelb unter. Nun in das noch heiße Getränk ½ bis ¾ Teelöffel Kakaopulver (van Houten – mind. 80 % Kakaoanteil) geben und zuletzt entweder 1 Teelöffel Zitronenmelisse (klein gehackt) oder den Saft von ½ Zitrone geben. Alles gut miteinander vermischen.*
*Diese Mixtur trinke man langsam über eine halbe Stunde. Das Getränk möglichst warm halten.«*

Man sagt, dass einige ihrer Patienten schon beim Anblick und Geruch des Tranks erhebliche Besserungen verspürten.

2. Variante

Besonders empfohlen bei Melancholie, Blutarmut und Kräfteverfall

*»In eine feuerfeste Karaffe gebe man ¼ Ltr. trockenen Rotwein (Kaiserstuhl), dazu mischt man jeweils 1 Teelöffel klein geschnittenes Eisen- und Thymiankraut, 1–2 Messerspitzen schwarzen oder weißen Pfeffer, den Saft von ½ Zitrone, 1 Teelöffel Kandiszucker. Die Mischung auf den Herd stellen und so lange unter mehrmaligem Umrühren ziehen lassen, bis der erste Dampf zu sehen ist. Nicht kochen lassen. Die Karaffe vom Herd nehmen und einen gehäuf-*

ten Teelöffel Kakaopulver oder eine ¼ Tafel Bitterschokolade darin auflösen. Warm trinken.«

---

### Instant-Kakaogranulate: Keine gute Alternative

»Quick and easy« galt als das Maß der Dinge in der Küche des späten 20. Jahrhunderts. Schnell und einfach sollte alles gehen – wie z. B. den Kindern morgens schnell eine Tasse Kakao anzurühren.

Die Lebensmittelindustrie erfand dafür das passende Produkt: Instant-Kakao war die Zauberformel, die aus dem relativ hochprozentigen Kakaopulver nach Van Houtens Art ein sehr süßes und ruck, zuck in heißer oder kalter Milch lösliches Granulatpulver werden ließ. Dieses beinhaltet nur noch einen winzigen Anteil echten Kakaos. Stattdessen bestehen viele der bis heute gebräuchlichen Fertigmischungen bis zu 80 Prozent aus Zucker und künstlichen Aromen wie Äthylvanillin. Mit dem echten, richtigen Schokoladengenuss haben viele dieser billigen Kakaogetränke, denen auch häufig noch künstliche Bananen- und Erdbeeraromen zugesetzt werden, nichts mehr gemein.

---

## Extra: Gewürze und Kräuter, die gut mit Schokolade harmonieren

Der Siegeszug der Schokolade wäre ohne die Kombination mit Gewürzen und Kräutern nicht denkbar. Schon die Azteken und Tolteken milderten unter anderem mit fermentierten, klein geschnittenen Vanilleschoten den

*8 Schokolade und Chili – eine auf den ersten Blick ungewöhnliche, aber köstliche Kombination.*

bitteren Geschmack ihres Kultgetränkes ab. Neben der Vanille gehört auch Zimt zu den großen Aroma-Klassikern in der Schokoladenzubereitung.

Doch gerade in den letzten Jahren hat sich die Bandbreite der verwendeten Kräuter und Gewürze enorm vergrößert. Zu den Bestsellern zählen in experimentierfreudigen Genießerkreisen beispielsweise Schokoladen mit Meersalz oder mediterranen Kräutern, mit Chili und Pfeffer.

Eine kleine Auswahl soll an dieser Stelle einen Einblick in die unglaubliche Vielfalt der sowohl klassischen als auch trendigen Aromen geben, mit denen sich Schokolade verfeinern lässt:

**Anis:** Anethol heißt der geschmacksbestimmende Stoff im Anis, der nicht nur den vor allem im Mittelmeerraum beliebten Anis-Getränken ihren typischen Geschmack verleiht. Auch in Backwaren und Süßigkeiten wird das Gewürz eingesetzt – und so wundert es kaum, dass es auch die Chocolatiers für ihre Kreationen entdeckt haben. Dezent eingesetzt, verbindet sich Anisaroma sehr harmonisch sowohl mit Milch- als auch mit dunklen Schokoladen.

**Basilikum:** klingt zunächst ungewöhnlich in der Kombination mit Schokolade, sorgt aber für eine durchaus aparte, frische Note.

**Chili und Pfeffer:** Scharfe Schokoladen erleben in den letzten Jahren eine Art Renaissance – die Kombination mit Chili und Pfeffer ist natürlich schon uralt. Chilischokoladen können ganz unterschiedlich schmecken – einige treiben einem schon beim ersten Kontakt mit der Zunge die Tränen in die Augen. Wesentlich angenehmer im Mund sind die feurigen Vertreter, wenn sich die Schärfe erst *nach* dem Kakaogeschmack langsam auf der Zunge entfaltet und beide Aromen sich erst im Abgang harmonisch miteinander verbinden. Ein Vergleich lohnt sich auch bei anderen Pfeffersorten – ob schwarz, grün oder rot, aus Szechuan oder Madagaskar – oder auch bei

Peperoncino-Produkten. Pfeffer wird immer häufiger auch mit weiteren, oft fruchtigen Aromen kombiniert – eine besonders beliebte Paarung ist grüner Pfeffer mit Erdbeere.

**Ingwer:** Die Wurzel des tropischen Ingwers wird sowohl als Heil- als auch als Würzmittel geschätzt. In Schokoladenprodukten findet man sie als natürliches Aroma, als Gewürz – getrocknet oder gemahlen – oder auch in Form von Sirup oder Fruchtstückchen. Je nach Region sind zudem kandierte, zum Teil auch mit Schokolade überzogene Ingwerstücke beliebt.

**Kardamom und Koriander:** Auch diese beiden aus der orientalischen und der südostasiatischen Küche bekannten Gewürze harmonieren bestens mit der Schokolade. Bei uns kennt man den Kardamom bislang vor allem von weihnachtlichem Gebäck wie Lebkuchen. In vielen arabischen Ländern werden auch Kaffee und Tee mit Kardamom gewürzt.

**Lavendel:** ist für viele schon eher gewöhnungsbedürftig, zu sehr denkt man dabei an Seifen- und Parfümduft. Trotzdem sollte man eine Probe wagen – ein Hauch von Lavendel in der Schokolade hat schon manchen Genießer positiv überrascht.

**Minze:** Der frische Geschmack von Minze verbindet sich wunderbar vor allem mit kräftigen, dunklen Schokoladen – und hat sich so nicht nur in Großbritannien schon lange seine Fangemeinde erobert.

**Vanille:** Sie ist der Aroma-Klassiker schlechthin. Als herausragend gelten Bourbon-Vanille (benannt nach dem Verfahren der Fermentation) aus Madagaskar und aus Réunion sowie Mauritius-Vanille und solche aus Mexiko. Gourmets wissen echtes Vanillearoma in Schokolade zu schätzen – im Gegensatz zu künstlichem Aroma.

**Zimt:** Die würzige Rinde des in den Tropen beheimateten Echten Zimtbaums bzw. ihr Öl ist schon lange bekannt und beliebt für ihr den Schokoladengeschmack verstärkendes Aroma. Zimt war schon vor Jahrtausenden in China und auch im alten Ägypten als Heil- und Gewürzmittel geschätzt. Ceylon-Zimt gilt als besonders edel.

## Moderne Schokoladenrezepte

### Basis-Kakaorezepte

Grundsätzlich ist es immer empfehlenswert, ein Kakaogetränk selbst herzustellen. Sie entgehen damit den Geschmacksverstärkern, Aromastoffen, Emulgatoren und sonstigen Spiel- und Genussverderbern aus der Lebensmittelchemie und haben selbst in der Hand, was in Ihre Schokolade reinkommt und was nicht.

Die hier vorgestellten Kakaogetränke sind alle einfach zuzubereiten. Ihre Basis ist immer eine fettarme Milch (1,5 %) oder Vollmilch (3,5 %) (Letztere ist geschmacklich intensiver), warm oder kalt, in einem Glas oder in einer orangefarbenen Tasse, dazu je 1 gehäufter Teelöffel Kakaopulver und brauner Rohrzucker (bzw. 2 Teelöffel Basismischung Kakao; s. u. ).

#### Basismischung Kakao

Mischen Sie reines – entöltes – Kakaopulver und braunen Rohrzucker im Verhältnis 3:2, also beispielsweise 60 Gramm Kakaopulver mit 40 Gramm Rohrzucker. So haben Sie immer die Grundlage für ein Kakaogetränk parat. Je nach Bedarf und Geschmack kann das Mengenverhältnis der beiden Zutaten natürlich auch variiert werden. Alle weiter unten beschriebenen Rezepte gehen von dieser Basismischung aus. Abweichungen davon werden gesondert beschrieben und angeführt.

### Basismischung Vanilleextrakt

Da Vanilleextrakt in den folgenden Rezepten häufig vorkommt, habe ich einen genialen Hinweis von *RE_BEKAH* zum Selbermachen gefunden. Der Extrakt ist kinderleicht herzustellen, spart viel Geld und ist – in kleine, bunte Fläschchen abgefüllt – auch noch ein tolles Geschenk zu Weihnachten oder einer anderen Gelegenheit.

10 Vanilleschoten                    1 l Wodka

Die Vanilleschoten der Länge nach aufschneiden, in eine Flasche mit Wodka stecken und gut verschließen. An einem kühlen, dunklen Ort (z. B. in einem Schrank oder im Keller) mindestens drei Wochen (ideal wäre bis zu sechs Monate) ziehen lassen. Einmal pro Woche kräftig durchschütteln. Nach dieser Zeit etwas von dem Extrakt in ein kleineres Fläschchen zum Verbrauch abfüllen und die große Flasche einfach mit Wodka auffüllen. Die Vanilleschoten geben weiterhin bis zu ein Jahr ihr Aroma ab.

### Kakao mit »Schuss« – 4 Variationen

1. Variante: mit Rum – Lumumba

Der Lumumba ist wohl das bekannteste Kakaogetränk. Dazu je nach Lust, Laune und Bedarf in die leicht aufgeschäumte Kakaomilch einen »gehäuften« Esslöffel Rum geben. In Kuba werden aus einem auch schon einmal zwei Löffel. Dort bevorzugt man den gelben, selbst gebrannten Rum (von Touristen nur mit Vorsicht zu genießen!). Das Ganze wird gern noch mit Chilipulver, Vanille oder *Creollado,* einer scharfen süßlichen Gewürzmischung, aromatisiert. Versuchen Sie mal Folgendes: Einen Bissen Banane mit einem Schluck Lumumba im Mund mit der Zunge zerdrücken – himmlisch!

### 2. Variante: mit Weinbrand

Für die eher kalte Jahreszeit eignet sich die aufgewärmte Basismischung Kakao mit einem Schuss Weinbrand, dazu über die aufgeschäumte Kakaomilch einen dünnen Teppich aus Zimtpulver sieben. Spezialisten geben noch vor dem Aufschäumen ein oder zwei Tropfen Kirschsirup dazu.

### 3. Variante: mit Whiskey

Zu allen Jahreszeiten eignet sich die Zugabe eines rauchigen Whiskeys. Es muss nicht der allerteuerste sein, ein einfacher genügt vollkommen. Um noch eine elegante Geschmacksnote ins Spiel zu bringen, zwei bis drei Tropfen Himbeersirup zugeben.

### 4. Variante: mit Wodka

Zusätzlich zum Wodka vor dem Aufschäumen einen Spritzer Tabasco, eine Prise Zimt oder/und kleine Bananenstückchen dazugeben, dann erst verquirlen. Die Bananenstückchen geben dem Getränk eine überaus exotische Note.

### Weihnachts-Kakao

Tafelschokolade mit hohem Kakaoanteil oder entsprechend hochwertige Trinkschokolade-Produkte wie Flocken oder Pralinés (nicht bei Billiganbietern zu haben) in heißer Milch schmelzen und je 1 Prise Zimt und Piment hinzugeben. Ein Häubchen aus geschlagener Sahne obendrauf – fertig ist der weihnachtliche Kakao. Wer es besonders würzig mag, bietet Lebkuchen oder Spekulatius dazu an.

### Schokoladen-Grog

Wind und Wetter hat der Schokoladen-Grog einiges entgegenzusetzen. Geben Sie zu einer Trinkschokolade nach Geschmack Kandiszucker, Rum und 1 Prise Muskatnuss hinzu.

### Choco-Kiss

Dieser Kakao kommt ungewohnt hochprozentig daher: Vermischen Sie dazu 1 cl Whisky mit 4 cl Irish Cream und gießen das Ganze mit kaltem Kakao auf. Wer es noch stärker mag, gibt noch 1 Schuss Rum dazu.

### Café au Chocolat

2 Esslöffel Schokoflocken mit 1 Esslöffel Basismischung Kakao in wenig Milch auflösen. Dann mit einem starken Kaffee – am besten einem Espresso lungo – aufgießen. Der Café au Chocolat schmückt sich gerne mit einem Sahnehäubchen, das mit Schokoraspeln garniert ist.

### Café Moretto

Dieses Rezept ist ein Juwel unter den Espresso-Variationen: Sahne mit feinem Rohrzucker steif schlagen. Espresso brühen und einige Stückchen Bitterschokolade darin auflösen. Einen Schuss Rum zugeben und mit einem Sahnehäubchen bedecken. Eine Prise Zimt und etwas Kakaopulver geben dem Café Moretto den letzten Schliff. Statt des Rums darf es gern auch ein Schuss Amaretto sein.

## Raffinierte Trinkschokoladen

### Schoko-Kränzchen

*Für 2 Portionen*

| | |
|---|---|
| 2 Kardamomkapseln | 100 g Bitterschokolade |
| ½ Zimtstange | 50 g Sahne |
| 1 Prise Chilipulver | ½ TL brauner Zucker |
| 1 Gewürznelke | evtl. etwas Schokoladenpulver oder |
| 400 ml Vollmilch | Basismischung Kakao |

Die Kardamomkapseln mit einem Messer gut zerdrücken. Zimtstange, Chilipulver und Gewürznelke in einen Topf mit der Milch geben, kurz aufkochen und dann ca. 15–18 Min. ziehen lassen.

In der Zwischenzeit die Bitterschokolade klein hacken.

Die Milch durch ein Sieb in einen Topf abgießen und zurück auf die noch heiße Herdplatte (Gas: kleinste Flamme) stellen. Die klein gehackte Schokolade dazugeben und in der Milch schmelzen lassen.

Die Sahne mit dem Zucker steif schlagen.

Das fertige Getränk in am besten vorgewärmte Tassen gießen und mit einem Sahnehäubchen krönen. Nach Belieben mit Schokoladenpulver oder Basismischung Kakao bestäuben.

## Bakasha-Mix

*Für 2 Portionen*
500 ml Vollmilch
1 Banane

2 TL Basismischung Kakao
½ TL Rapshonig (oder Blütenhonig)
3 EL Haferflocken

Alle Zutaten zusammen in einen Mixer geben, fein pürieren und servieren. In den Mix können nach Belieben auch klein geschnittene Apfelstückchen gegeben werden.

## Magentrost

*Für 1 Portion*
3 EL Basismischung Kakao
1 TL Zimt

1 Prise Cayennepfeffer
1 große Tasse Milch

Die Basismischung mit Zimt und Cayennepfeffer in einer Tasse gut mischen. Die Milch zum Kochen bringen, dann langsam über die trockene Mischung in der Tasse gießen und gut rühren.

Für Kenner darf auch ein winziger Schuss Tequila mit hinein. Auf der Halbinsel Yucatán wird der Trank übersetzt etwa »Friedlicher Schlaf« genannt.

*Hinweis:* Der relativ hohe Anteil an Zimt in diesem Getränk regt die Magensekretion an. Je nach Befinden können Sie den Zimtanteil entsprechend erhöhen oder auch reduzieren. Vor dem Essen genossen, dürfte diese Schokolade (mit wenig Zimt) den Appetit in Grenzen halten, nach einer Mahlzeit dagegen (mit höherem Zimtanteil) der Verdauung förderlich sein.

### Reina Margerita

*Für 2 Portionen*
250 ml Wasser
250 ml Milch
1 TL (gehäuft) Stärkemehl

100 g bittere Kuvertüre
60 g Basismischung Kakao
2 Msp. Cayennepfeffer

Die Hälfte des Wassers und der Milch in eine Tasse geben und das Stärkemehl einrühren.

Die andere Hälfte des Wassers und der Milch zusammen mit den übrigen Zutaten in einem Topf unter Rühren langsam erhitzen, bis der erste Dampf aufsteigt – nicht kochen. Dann die Tasse mit dem vorbereiteten Stärkemehl dazugeben und alles kurz aufkochen.

Das fertige Getränk in Tassen füllen und eventuell etwas feinen Kaffeestaub darübersieben (so ist es von der spanischen Königin Margerita überliefert).

### Balearentraum

*Für 2 Portionen*
500 ml Milch
½ TL Speisestärke

½ EL Basismischung Kakao oder
Zucker
½ Tafel Zartbitterschokolade

In einer halben Tasse Milch die Speisestärke und die Basismischung bzw. den Zucker gut verrühren. Die restliche Milch in einem Topf erwärmen und unter Rühren die Zartbitterschokolade hineinbröseln.

Wenn die Schokolade geschmolzen ist, die Stärke-Milch-Mischung zugeben und das Ganze unter stetigem Umrühren kurz aufkochen lassen.

Dann sofort in Tassen füllen und genießen.

Im Winter wirkt ein Schuss *Veterano* (spanischer Brandy) in diesem Kakao zusätzlich entspannend und die Laune hebend.

### Schokozapfen

| *Für 2–4 Portionen* | 1 TL Zimt |
| 200 g Bitterschokolade | 1 TL Walnussöl |
| 2 EL Basismischung Kakao | ca. 1 l Milch |

Acht Schnapsgläser an der Innenseite mit dünnem Backpapier auslegen.

Die Schokolade gut zerkleinern und in einem Wasserbad schmelzen. Basismischung, Zimt und Walnussöl hinzufügen und alles gut verrühren.

Mithilfe eines Esslöffels die Schnapsgläser mit der dünnflüssigen Masse füllen. Kurz bevor die Schokolade fest wird, einen Schaschlikspieß o. Ä. hineinstecken. Wenn die Masse fest geworden ist, den Schokozapfen samt Papier an dem Spieß aus dem Glas ziehen – eventuell noch einige Minuten in den Kühlschrank legen.

Inzwischen die Milch erhitzen und/oder aufschäumen und in Gläser füllen. Das Papier von den Zapfen entfernen und die Zapfen zum Auflösen in die Gläser mit der Milch geben. Je weiter man sein Glas leert, desto intensiver wird der Schokoladengeschmack. Übrig gebliebene Schokozapfen lassen sich gut im Tiefkühlfach aufbewahren.

## Kalte Helene

*Für 2 Portionen*

Kühlzeit: 2½ Std.

2 TL reines Kakaopulver

2 TL Basismischung Kakao

500 ml Vollmilch

1 reife Williams-Birne

2 EL Williams-Birnenschnaps

4–5 Kugeln Schokoladen- oder

Vanilleeis

Kakaopulver und Basismischung in einem großen Glasgefäß mit 125 ml Milch gut vermischen, bis sich die Basismischung mit dem Zucker aufgelöst hat. Nun in einem Topf die restliche Milch erhitzen, nicht kochen.

Beide Flüssigkeiten zusammengießen und leicht verquirlen. Nach dem Abkühlen für 2 ½ Std. in den Kühlschrank stellen.

Inzwischen die Birne waschen, schälen und entkernen. Zusammen mit dem Schnaps pürieren.

Jeweils 2 Kugeln Eis in einer Sektschale anrichten, das Birnen-Schnaps-Püree darübergeben und den Kelch mit dem kalten Kakao langsam auffüllen.

*Tipp:* Auch als Sommerdessert zu empfehlen. Wegen des Alkoholgehalts für Kinder nicht geeignet.

## Hot Chihuahua

*Für 4 Portionen*

1 Vanilleschote

2 Chilischoten

700–750 ml Wasser

(am besten Selterswasser)

130 g Kakaopulver

2 TL Blütenhonig

Die Vanilleschote halbieren, die beiden Chilischoten entkernen und in kleine Stücke schneiden. Beides ins kalte Wasser geben, erhitzen und 15 Min. lang köcheln lassen. Das Kakaopulver in etwas heißem Vanille-Chili-Wasser auflösen und wieder zurück in den Topf geben. 1 bis höchstens 2 Min. aufkochen lassen, danach die Vanillehälften entfernen. Zum Schluss den Honig zugeben und das Getränk mit einem Pürierstab so lange mixen, bis die Chilistückchen restlos zerkleinert sind.

### Kakao-Beeren-Mix

*Für 2 Portionen*
200–250 g gemischte Beeren
(frisch oder TK-Ware)
200 ml naturtrüber Apfelsaft

3 gehäufte TL Kakaopulver
250 g Naturjoghurt
½ TL Vanillepulver
1–2 EL Ahornsirup

Frische Beeren verlesen und vorsichtig waschen, gut abtropfen lassen, TK-Ware auftauen lassen. Die Beeren mit dem Apfelsaft und dem Kakaopulver im Mixer pürieren und in 2 hohe Gläser gießen.
Den Joghurt mit dem Vanillepulver schaumig schlagen, nach Geschmack mit dem Ahornsirup süßen und vorsichtig auf das Beerenpüree geben. Wenig Kalorien mit vielen Vitaminen!

### Bananen-Zauber

*Für 3–4 Portionen*
500 ml Vollmilch
2 Bananen
50 g rohe Marzipanmasse

1 TL Zimtpulver
1 TL Kakaopulver

Alle Zutaten mit Ausnahme des Kakaos im Mixer schaumig rühren. In Gläser füllen, mit dem Kakaopulver dicht bestäuben und servieren.

### Praline zum Trinken

*Für ca. 20 Stück, je nach Größe der Förmchen*
Kühlzeit: ca. 1 Std.
200 g Zartbitterkuvertüre

130 g Nugat
2 EL Kakaopulver
2 TL Zimtpulver
1 TL Vanillepulver

Über einem Wasserbad Kuvertüre und Nugat schmelzen lassen, dann die restlichen Zutaten einrühren.
Kleine Silikon-Pralinenförmchen mit der Masse füllen. Kurz vor dem Festwerden Kunststoff-Zahnstocher in die Mitte der Praline stecken. Im Kühlschrank oder im Gefrierfach kühlen.
Danach aus der Form lösen und je eine Praline in eine Tasse heiße Milch geben und darin auflösen lassen.
*Tipp:* Die warme Schokoladenmasse vor dem Ausgießen der Förmchen zusätzlich mit 1–2 Messerspitzen Cayennepfeffer würzen.

### Frühstücks-Smoothie

*Für 2 Portionen*
1 Banane
10 Zwetschgen
1 große Portion Salat
(nach Geschmack)

2 gehäufte TL Kakaopulver
(stark entölt)
Wasser nach Bedarf
evtl. etwas Muskatnuss oder Curry

*9 Ein reichhaltiger Smoothie sorgt für einen guten Start in den Tag.*

Banane schälen, Zwetschgen waschen und abtropfen lassen, dann entkernen. Salat putzen, waschen und trocken schleudern. Alle Zutaten in einen Mixer geben und das Kakaopulver darüber streuen. Mit Wasser bis auf 1 Liter auffüllen. Mindestens 1 Min. auf höchster Stufe mixen, in Gläser abfüllen. Zum Verfeinern kann man noch 1 Prise Muskatnuss oder ½ Teelöffel Curry dazugeben.

## Heißer Opa

*Für 1 Portion*
ca. 250 ml Milch
2 cl Eierlikör

2 TL Basismischung Kakao
1 Port. geschlagene Sahne
¼ TL Kakaopulver

Die Milch in einem Topf erhitzen. Den Eierlikör mit der Basismischung in eine große Tasse geben, mit der heißen Milch vorsichtig auffüllen, gut verrühren und mit Schlagsahne und Kakaopulver garnieren.

## Schoko-Tee

*Für 2 Portionen*
70 ml Wasser
1 Beutel schwarzer Tee
3 EL Basismischung Kakao
1½ EL Kakaopulver
500 ml Milch

1 TL Basismischung Vanilleextrakt
½ TL Zimt
¼ TL Muskatpulver
2 Zimtstangen
ca. 50 g Sahne

Das Wasser in einem kleinen Topf zum Kochen bringen und den Teebeutel hineinhängen, den Topf vom Herd nehmen und den Tee 4–5 Min. ziehen lassen. Den Teebeutel entfernen und die Basismischung mit dem Kakaopulver in den Tee rühren. Den Topf wieder auf den Herd stellen, bis der Inhalt siedet. Nun Milch, Vanilleextrakt, Zimt und Muskat zufügen und das Ganze 2–3 Min. köcheln lassen.

Inzwischen die Sahne steif schlagen. Den fertigen Tee in große Tassen füllen und mit jeweils einer Zimtstange und einem Sahnehäubchen garnieren. Dieser »Schoko-Tee« heizt ordentlich ein und ist perfekt für lange Winterabende.

### Schokolade Rio

*Für 5–6 Portionen*
1 l Milch
1 Dose (400 ml) gezuckerte
Kondensmilch
4 EL Kakaopulver
2 EL Maisstärke

½ TL Zimt
2 Msp. Chilipulver
evtl. etwas Salz
100 g geschlagene Sahne
evtl. 1 Schuss Rum oder Brandy

Milch und Kondensmilch mit einem Stabmixer gut vermischen. Dann Kakaopulver, Maisstärke, Zimt und Chili untermischen.

Die Mischung in einen Topf geben und bei mittlerer Hitze unter ständigem Rühren so lange erhitzen, bis die Schokolade dickflüssig bis cremig ist.

Nun die Schokolade auf vorgewärmte Tassen verteilen, je nach Geschmack mit einer winzigen Prise Salz bestreuen und mit einem Häubchen Schlagsahne garnieren. Auch ein Schuss Rum oder Brandy schadet dem Getränk nicht.

*Hinweis:* Dies ist kein gutes Rezept für Leute, die abnehmen wollen!

### Heiße Schokolade – vegan

*Für 2 Portionen*
6 EL Kokosmilch aus der Dose
1 TL Basismischung Vanilleextrakt
4–5 EL Basismischung Kakao

5–6 TL Kakaopulver
½ TL Zimt
1 l kochendes Wasser

Alle Zutaten bis auf das Wasser in eine Kanne geben und gründlich vermischen. Dann das kochende Wasser darübergießen und so lange rühren, bis sich der Zucker der Basismischung vollständig aufgelöst hat. Genießen.

## Hauptgerichte mit Schokolade

Wenigen dürfte bekannt sein, dass nicht nur Sterneköche, sondern auch experimentierfreudige Hobbyköchinnen und -köche längst die Schokolade als Zutat auch für die deftige Küche entdeckt haben. In den Küchen der Ursprungsländer des Kakaobaumes – wie Mexiko, Südamerika oder Afrika – hat das Kochen mit Schokolade eine lange Tradition. Vor allem Geflügel- und Eintopfgerichte werden gerne mit dunkler Schokolade verfeinert.

Zum Kochen pikanter Gerichte empfehlen sich besonders herbere Schokoladen mit 70–80 Prozent Kakaoanteil. Je höher der Kakaoanteil, desto besser kommen die Gewürze zur Geltung.

Der Freude am Ausprobieren sind grundsätzlich keine Grenzen gesetzt. Allerdings sollten unerfahrene »Schokoladenköche« zunächst nach der Maxime »Weniger ist mehr« vorgehen. Am besten fügen Sie einem Gericht die Schokolade nach und nach zu und schmecken zwischendurch immer wieder ab.

### Gambas auf Schokoladennudeln

12 Gambas
1 große Orange
250 g Schokoladennudeln
Salz

Butter zum Braten
2 EL Cognac
schwarzer (oder bunter) Pfeffer
200 g Crème fraîche

Die Gambas vorbereiten (evtl. waschen und am Rücken mit einem scharfen Messer einschneiden und den Darm entfernen). Die Orange auspressen. Die Nudeln nach Packungsanweisung in reichlich Salzwasser garen.
Die Gambas in einer Pfanne in Butter anbraten, mit Cognac flambieren, Pfeffer nach Geschmack darübermahlen und die Hitze herunterschalten. Nun Orangensaft und die Crème fraîche dazugeben und das Ganze mit Salz und Pfeffer nochmals abschmecken; warm halten.
Die Nudeln abtropfen und mit den Gambas und der Soße servieren.
*Tipp:* Zur Verfeinerung können Sie noch etwas Walnussöl über die Schokonudeln geben, bevor Sie die Soße hinzufügen.

### Chili con Carne

*Für 3–4 Personen*
4–5 große, reife Tomaten
1 große Paprikaschote
2 Chilischoten
2 Zwiebeln
2 Knoblauchzehen
500 g Hackfleisch vom Rind
1–2 EL Olivenöl

1 TL gemahlener Kreuzkümmel
2–3 EL Tomatenmark
ca. 100 ml Wasser
1 TL Oregano
1 kleine Dose Kidneybohnen
Salz
getrockneter Chili (aus der Mühle)
20–25 g sehr dunkle Schokolade

Die Tomaten waschen und in kleine Stücke schneiden, den Saft auffangen. Die Paprika putzen und in kleine Würfel schneiden, die Chilischoten längs aufschneiden, evtl. die Kerne entfernen (das mildert die Schärfe) und das Fruchtfleisch fein hacken. Zwiebeln schälen und würfeln, Knoblauchzehen schälen.

Die Zwiebelwürfel mit dem Hackfleisch im heißen Olivenöl anbraten. Knoblauch darüberpressen.

Sobald das Fleisch angebräunt ist, Kreuzkümmel darüberstreuen, Chili und Paprika hinzugeben und 2–4 Min. andünsten. Dann das Tomatenmark unterrühren und mit dem Wasser ablöschen. Oregano und Bohnen hinzufügen und alles etwa 15 Min. köcheln lassen.

Das Gericht mit Salz abschmecken und – wer es schärfer mag – etwas getrockneten Chili darüberreiben. Die Schokolade in kleine Stückchen hacken und unter das Fleisch geben. Einige Minuten ziehen lassen. Je nach Geschmack mehr Schokolade hinzufügen.

*Tipp:* Reichen Sie dazu frischen Toast, dünn mit Knoblauchbutter bestrichen. Ganz Mutige können auch einen dünnen Aufstrich mit Himbeer- oder Kirschmarmelade probieren.

### Fondue au Chocolat

je 1–2 Äpfel, Birnen, Mango,
1 Ananas, Weintrauben
(oder nach Belieben)
100 g Sahne
1–2 EL Milch

200 g dunkle Schokolade
1 Prise Zimt
1 Prise Salz
1 Msp. Cayennepfeffer

Äpfel und Birnen gründlich waschen (nicht schälen), entkernen und in mundgerechte Stücke schneiden. Mango schälen, ebenfalls den Kern entfernen und das Fruchtfleisch klein schneiden. Die Ananas säubern, dann mit einem scharfen Messer schälen, die harte Mitte entfernen und das Fruchtfleisch ebenfalls in Stücke schneiden. Weintrauben waschen und abzupfen. Die Obststücke in eine flache Glasschale o. Ä. geben.

Sahne und Milch in den Fonduetopf geben und auf eine warme Herdplatte stellen. Vorsicht: Die Sahne nur erwärmen, nicht kochen! Inzwischen die Schokolade in kleine Stücke schneiden, in die warme Sahne legen und schmelzen lassen. Die Herdplatte nicht zu heiß werden lassen, sonst brennt die Schokolade am Boden des Topfes an. Am besten regelmäßig mit einem Holz- oder Porzellanlöffel umrühren.

Ist die Schokolade vollständig geschmolzen, die Gewürze untermischen. Wenn die Schokolade zu fest wird, evtl. mehr Milch oder Sahne unterrühren. Nun den Fonduetopf in der Mitte des Tischs auf ein Stövchen stellen. Hin und wieder umrühren. Je ein Stückchen Obst auf die Gabel spießen und in die Schokosoße tauchen.

*Tipp:* Servietten bereitlegen – sie werden ziemlich sicher gebraucht.

### Kakao-Rohrnudeln

*Für die Rohrnudeln:*

250 ml Milch
21 g Hefe (½ Würfel)
60 g Basismischung Kakao
120 g Butter
2 Eier

2 EL Kakaopulver
400 g Mehl
1 Prise Salz
8 Pflaumen (aus dem Glas)
Puderzucker zum Bestäuben

*Für die Soße:*
250 ml Milch
250 g Sahne
Mark von 1 Vanilleschote (oder

1–2 EL Basismischung Vanilleextrakt)
5 Eigelb
100 g brauner Zucker

Für die Rohrnudeln die Milch in einem kleinen Topf bei mittlerer Hitze erwärmen. Die Hefe in eine Tasse bröckeln und mit 3 Esslöffel warmer Milch und 1 Esslöffel Basismischung Kakao vermischen. Die Hefemischung zugedeckt an einem warmen Ort etwa 15 Min. gehen lassen.

In einem kleinen Topf 80 g Butter zergehen lassen. Die Eier verquirlen und zusammen mit der aufgegangenen Hefemischung, Kakaopulver, Mehl, restlicher Basismischung Kakao, Salz und der zerlassenen Butter mit den Knethaken des Rührgeräts in einer Schüssel verkneten. So viel lauwarme Milch hinzufügen, dass ein mittelfester Teig entsteht. Den Hefeteig so lange mit einem Holzkochlöffel schlagen, bis er glatt ist und Blasen wirft. Zugedeckt an einem warmen Ort weitere 15 Min. gehen lassen.

Den Backofen auf 175 Grad vorheizen. Die Pflaumen in ein Sieb abgießen und gut abtropfen lassen. Die restliche Butter in einer Pfanne zerlassen. Den Hefeteig in 8 Portionen teilen. Jede Portion flach pressen und jeweils 1 Pflaume hindrücken, mit Teig umhüllen und zu einem Kloß formen. In der zerlassenen Butter wenden und nebeneinander in eine Auflaufform oder einen Bräter setzen. Nochmals zugedeckt 30 Min. ziehen lassen.

Die Rohrnudeln im vorgeheizten Ofen auf der untersten Schiene 30 Min. backen. Danach die Rohrnudeln im ausgeschalteten Backofen weitere 5–10 Min. ziehen lassen.

Für die Soße Milch, Sahne und Vanillemark oder Basismischung Vanilleextrakt zusammen in einem Topf aufkochen. In einem zweiten Topf die Eigelbe und den Rohrzucker miteinander verrühren. Nach und nach die heiße Vanillemilch vorsichtig dazugeben und die Masse bei schwacher Hitze cremig rühren. Die Vanillesoße durch ein Sieb streichen.

Die Kakaorohrnudeln aus dem Ofen nehmen, dick mit Puderzucker bestäuben und noch warm mit der Vanillesoße servieren.

*Tipp:* Die Pflaumen vor der Verwendung im eigenen Saft mit einem guten Schuss »Pflümli« zusätzlich übergießen, einige Male umrühren und ziehen lassen. Später, nach dem Abseihen, noch je eine Messerspitze Chilipulver oder Cayennepfeffer sowie Zimt dazu. Mit dem Jus lassen sich die unterschiedlichsten Speisen oder Soßen geschmacklich verfeinern. Im Kühlschrank etwa 10 Tage haltbar.

### Bandnudeln mit Schoko-Leber-Ragout

| *Für den Nudelteig:* | 1 grüne Chilischote |
|---|---|
| 500 g (Dinkel-)Mehl Type 630 | 2 Knoblauchzehen |
| 5 Eier | 40 g Zartbitterkuvertüre |
| 1 TL Salz | 400 g küchenfertige Rinderleber |
| Mehl für die Arbeitsfläche | 5 EL Olivenöl |
| | 300 ml Rotwein |
| *Für das Ragout:* | 2 Gewürznelken |
| 2 Stangen Sellerie | 1 Zweig Rosmarin |
| 2 Karotten | Salz und Pfeffer aus der Mühle |

Für den Nudelteig Mehl, Eier und Salz zu einem elastischen Teig verkneten. In Frischhaltefolie wickeln und 1 Std. im Kühlschrank ruhen lassen.

Den Teig auf einer bemehlten Arbeitsfläche mit dem Nudelholz sehr dünn ausrollen und in beliebig breite Streifen schneiden. Die Nudeln auf ein bemehltes Küchentuch legen und etwas trocknen lassen.

Für das Ragout die Gemüse putzen, waschen. Sellerie in kleine Scheiben schneiden, Karotten in Würfel, Chilischote in Streifen. Den Knoblauch abziehen und hacken. Die Kuvertüre raspeln.

Die Leber klein schneiden und in einem Topf in Öl rundum anbraten. Das Fleisch herausnehmen und beiseitestellen. Sellerie, Karotten und Knoblauch im Bratensatz andünsten und mit dem Wein ablöschen. Chili, Nelken und Rosmarin dazugeben und alles zugedeckt bei schwacher Hitze 20 Min. schmoren. Die Soße etwas reduzieren lassen, dann die Kuvertüre darin schmelzen. Mit Salz und Pfeffer würzen.

Die Leber wieder hinzufügen und in der Soße zugedeckt 5 Min. ziehen lassen. Gewürznelken und Rosmarinzweig entfernen.

Die Bandnudeln in reichlich Salzwasser etwa (je nach Dicke des Teiges) 2–4 Min. kochen und in ein Sieb abgießen. Nudeln mit dem Ragout mischen und servieren.

*Tipp:* Dazu passt ein leichter Rosé von der Mosel.

### Rinderschmorbraten »Exclusiv«

| | |
|---|---|
| 1 große Karotte | Butterschmalz zum Braten |
| 1 große Petersilienwurzel | etwas Mehl |
| 1 rote Chilischote | 1 Glas Rotwein |
| 1 große Zwiebel | 1 Glas Rinderfond |
| 1–2 Knoblauchzehen | 1 Schuss Calvados |
| 1 kg Rindfleisch vom Bug | 2 Lorbeerblätter |

1 Gewürznelke

10 schwarze Pfefferkörner

4–5 Wacholderbeeren

1 Zweig Thymian

1 Zweig Rosmarin

3 Salbeiblätter

8 Backpflaumen

2–3 Rippen Zartbitterschokolade

Salz und Pfeffer

1 Becher Crème fraîche

Karotte, Petersilienwurzel putzen, waschen und in kleine Würfel schneiden. Chilischote halbieren. Zwiebel schälen, Knoblauch abziehen und beides fein hacken.

Den Backofen auf 160 Grad Umluft vorheizen. Das Fleisch in einem Bräter in Butterschmalz anbraten und wieder herausnehmen. Zwiebel, Knoblauch und Gemüse im Bratensatz anbraten und Farbe annehmen lassen, dann mit etwas Mehl bestäuben und mit Rotwein, Rinderfond und Calvados ablöschen. Die Gewürze am besten in einen Papier-Teefilter geben, zusammenbinden und zusammen mit den Backpflaumen in den Sud geben. Zum Schluss das Fleisch wieder hinzufügen und alles im Backofen ca. 3 Std. schmoren lassen.

Danach den Braten, das Gewürzbeutelchen und die Chilischote herausnehmen. Die Soße pürieren, dann die Bitterschokolade darin auflösen, nach Belieben salzen und pfeffern und mit der Crème fraîche verfeinern. Evtl. noch einen Schuss Calvados hinzufügen.

### Chili Diabolo

*Für 4–6 Personen*

3 Zwiebeln

2–3 Zehen Knoblauch

1 grüne Paprikaschote

3 frische Chilischoten

400 g Tomaten

500 g Hackfleisch
Öl zum Anbraten
250 g Mais aus der Dose
200 ml Fleischbrühe
200 ml schwarzer Kaffee
200 ml dunkles Bier
1 EL Paprikapulver edelsüß

1 EL Paprikapulver scharf
1 EL getrockneter Oregano
1 TL Chilipulver
1 TL Kreuzkümmel
½ TL geraspelte Bitterschokolade
3 Dosen (à 800 g) Bohnen
(z. B. Chilibohnen von Bonduelle)

Zwiebeln und Knoblauch schälen, Paprika- und Chilischoten waschen. Alles klein hacken. Tomaten waschen, den Stielansatz entfernen und das Fruchtfleisch klein würfeln.

Das Hackfleisch in einem großen Topf in Öl anbraten. Zwiebeln, Knoblauch Paprika und Chili hinzufügen und mitdünsten. Den Mais dazugeben und ebenfalls ca. 5 Min. mitdünsten. Anschließend das Ganze mit Brühe, Kaffee und Bier ablöschen und gut 30 Min. einkochen lassen. Dann Tomatenwürfel, sämtliche Gewürze und Schokolade hinzugeben und alles auf kleiner Flamme 1 Std. köcheln lassen.

Zum Schluss die Bohnen mit dem Saft zum Chili geben und noch 30 Min. ziehen lassen. Wird das Chili zu dickflüssig, noch etwas Wasser oder Brühe zufügen.

*Tipp:* Aufgewärmt schmeckt das Chili noch mal so gut.

### Pikante Rouladen

*Für 2 Personen*
1 große Zwiebel
50 g geräucherter Speck

1 Essiggurke
50 g Schinkenspeck
2 Rinderrouladen

*10 Das leichte Schokoaroma verleiht dem Chili con carne eine besondere Note.*

2 EL mittelscharfer Senf
Salz und Pfeffer
Butterschmalz zum Anbraten
etwas Mehl
500 ml Wildfond

1 TL geriebene Bitterschokolade
(mind. 70 % Kakaoanteil)
20 g tiefgekühlte Butter
evtl. etwas Weichweizengrieß als
Soßenbinder

Die Zwiebel schälen und halbieren, eine Hälfte grob, die andere fein würfeln. Den Räucherspeck und die saure Gurke in Streifen schneiden, den Schinkenspeck würfeln.

Die Rouladen abspülen, trocken tupfen und jeweils eine Seite mit Senf einstreichen, salzen und pfeffern. Mit der Gurke, der fein gehackten Zwiebel und dem Räucherspeck belegen, zusammenrollen und mit einem Zahnstocher fixieren.

In einer Kasserolle Butterschmalz erhitzen, die Rouladen ringsum mit Mehl bestäuben und scharf anbraten. Kurz vor Schluss den Schinkenspeck und die grob gewürfelte Zwiebel dazugeben. Das Ganze mit einem Teil der Wildbrühe ablöschen und dann ca. 1½–2 Std. auf kleiner Flamme schmoren. Dabei immer wieder Wildbrühe nachfüllen und die Rouladen ab und zu wenden. Ist das Fleisch gar, die Rouladen entnehmen und warm stellen.

Die Schokolade und die Butter unter ständigem Rühren in die Soße geben und gegebenenfalls mit etwas Weichweizengries andicken. Mit Pfeffer und Salz abschmecken.

*Tipp:* Je nach Geschmack können Sie anstelle der Wildbrühe auch andere Fleischfonds, Gemüsebrühe oder auch nur Wasser nehmen.

## Chili-Hühnchen mit Nüssen und Schokolade

*Für 6 Personen*
Marinierzeit: 24 Std.

5 kleine rote Chilischoten
1 große Zwiebel
2 Knoblauchzehen
5 TL Olivenöl
50 g gehackte Mandeln
50g gehackte Erdnüsse
1 EL Sesam

¼ TL Anis
¼ TL Zimt
¼ TL gemahlener Koriander
¼ TL schwarze Pfefferkörner
1 fertige Maistortilla
180 ml Hühnerbrühe
100 g gehackte Tomatillos
30 g bittere Blockschokolade
750 g Hühnerbrust
250 ml Wasser

Die gewaschenen Chilis entkernen, Zwiebel und Knoblauch schälen. Alles möglichst fein hacken und mit 3 Teelöffeln Olivenöl in einer Pfanne bei mittlerer Temperatur anschwitzen, bis die Zwiebel weich ist. Temperatur herunterschalten und gemahlene Mandeln und Erdnüsse, Sesamkörner, Anissamen, Zimt, Koriander und Pfefferkörner einrühren und einige Minuten garen lassen.

Die Maistortilla in einer Pfanne anrösten und in kleine Stücke brechen. Zusammen mit der Chili-Nuss-Gewürz-Mischung und 60 ml Hühnerbrühe in ein schmales, hohes Gefäß geben und mit einem Stabmixer pürieren.

Das restliche Öl in einer Pfanne erhitzen, die Tomatillos darin garen und ebenfalls zu der Gewürzpaste geben. Mit der restlichen Brühe alles noch einmal fein pürieren.

Diese Mischung nun in einem Topf gut 30 Min. köcheln lassen, danach die gehackte Schokolade hineingeben und rühren, bis sie geschmolzen ist. Die

Soße in einer Schüssel abkühlen lassen und zugedeckt 24 Std. im Kühlschrank kalt stellen.

Die Hühnerbrustfilets und das Wasser in einem großen Topf zum Kochen bringen, dann die Temperatur herunterschalten und nur noch köcheln lassen, bis das Fleisch gar ist. Je nach Dicke der Filets immer mal wieder prüfen. Dann das Wasser abgießen, die vorbereitete Salsa (Soße) zu den Hühnerbrustfilets geben und langsam erhitzen, bis sie heiß ist.

Serviert wird der Eintopf mit Reis, Tortillas oder Tapas.

*Hinweis:* Bei den grünen Tomatillos handelt es sich nicht um eine Art von Tomaten, sondern um Blasenkirschen (*Physalis peruviana* bzw. *P. philadelphia*). Sie bekommen Sie auf fast jedem Markt sowie in gut sortierten Supermärkten mit Bio-Ecke.

## Entenbrust mit Maronen und Schokosoße

| | |
|---|---|
| *Für 2 Personen* | 1 Stängel Rosmarin |
| 1 Entenbrust | 100 ml trockener Rotwein |
| frisch gemahlener Pfeffer | 50 g Sahne |
| Salz | 20 g Zartbitterschokolade |
| 1 rote Zwiebel | (z. B. Kuvertüre) |
| 6 vorgegarte Maronen | |

Den Herd auf 150 Grad vorheizen. Die Entenbrust auf der Fettseite mit einem scharfen Messer rautenförmig einschneiden, dabei aber das Fleisch nicht verletzen. Danach beidseitig pfeffern und – nur die Hautseite – salzen (ideal wäre Rosmarinsalz).

Die Entenbrust ohne Zugabe von Fett mit der Haut nach unten in eine kalte (!) Pfanne legen. Nun die Herdplatte auf größte Hitze schalten. Wenn die Fettseite knusprig braun ist, die Entenbrust wenden und kurz auf die Fleischseite legen. Dabei die Temperatur reduzieren.

In der Zwischenzeit die Zwiebel schälen und fein würfeln, die Maronen mit der Gabel zerdrücken.

Die Entenbrust in eine Auflaufform legen, den Rosmarinzweig darauflegen und in den heißen Herd schieben. Nach 20–23 Min. sollte das Fleisch gar und zartrosa sein.

Inzwischen für die Soße in dem noch heißen Entenfett die Zwiebelwürfel leicht anbräunen, dann mit Rotwein ablöschen und die zerdrückten Maronen dazugeben. Kurz aufkochen lassen, dann die Sahne einrühren und mit Pfeffer und Salz abschmecken. Temperatur reduzieren und in der nicht mehr kochenden Soße die Bitterschokolade zum Schmelzen bringen.

Die Entenbrust aus dem Ofen nehmen, in Scheiben schneiden und mit der Soße anrichten. Dazu passen Rotkohl und Klöße. Überzählige Maronen können in Butter geschwenkt und ebenfalls als Beilage gereicht werden.

### Rindersaftgulasch mit Schokoladenchili

*Für 6 Personen*

6 große Zwiebeln
3 Chilischoten
1 kg Rinderschmorbraten
3 EL Öl
1 EL Tomatenmark
2 EL Mehl

500 ml Wasser
1 Glas (400 ml) Rinderfond
Salz
100 g Edelbitterschokolade
(mind. 70 % Kakaoanteil)
4 Stiele Petersilie

Zwiebeln schälen und grob würfeln. Chilischoten waschen und in feine Ringe schneiden. Fleisch waschen, trocken tupfen und in Würfel (ca. 3 x 3 cm) schneiden.

Den Backofen auf 200 Grad vorheizen. Das Öl in einem Bräter erhitzen und das Fleisch darin unter Wenden ca. 8 Min. kräftig anbraten. Nach 6 Min. Zwiebeln, 2 Chilis und Tomatenmark dazugeben. Mehl darüberstäuben. Mit Wasser und Rinderfond ablöschen, salzen.

Den Bräter mit einem Deckel schließen und das Fleisch im Backofen ca. 1½–2 Std. schmoren.

Die Schokolade mit einem Küchenhobel in dünne Späne hobeln. Eine kleine Menge Schokospäne beiseitestellen, den Rest unter das fertige Gulasch rühren, abschmecken.

Die Petersilie waschen, trocken schütteln, die Blättchen von den Stielen zupfen und hacken. Zusammen mit den restlichen Chiliringen und den übrigen Schokospänen vor dem Servieren als Garnierung über das Gulasch streuen.

*Tipp:* Reichen Sie dazu separat auf kleinen Desserttellern Brombeermarmelade oder Preiselbeeren. Oder geben Sie aus einem mit Brandy oder Whiskey gefüllten kleinen Zerstäuber 1 Hub über das Fleisch – ein Gedicht!

### Scharfe Schoko-Hack-Reisbällchen

| | |
|---|---|
| 25 g Zartbitterschokolade | 1 Ei |
| 80 g gewürfelter Speck | Salz |
| 125 g Langkornreis | Chiliflocken |
| 400 g gemischtes Hackfleisch | Olivenöl zum Braten |
| 1 EL scharfer Senf | |

Die Schokolade fein reiben. Den Speck in einer Pfanne kross braten. Den Reis in Salzwasser bissfest garen.

Hackfleisch mit Reis, Speck, Schokolade, Senf und Ei gut verkneten und mit Salz und Chiliflocken abschmecken. In einer Pfanne Olivenöl erhitzen.

Aus dem Fleischteig Bällchen oder Frikadellen formen und diese in dem Öl rundherum braun braten. Auf Küchenpapier abtropfen lassen.

Als Hauptspeise mit Beilage servieren oder kalt am Buffet anbieten.

### Kaninchen in Kakaosoße

Marinierzeit: 24 Std.

| | |
|---|---|
| 2 Zwiebeln | 5 Wacholderbeeren |
| 3 Knoblauchzehen | 1 l Rotwein (Côtes du Rhone wäre ideal) |
| 2 Karotten | 150 g Räucherspeck |
| 1 kochfertiges und zerteiltes Kaninchen | 1 EL Olivenöl |
| | 2 EL Mehl |
| 1 Lorbeerblatt | 1 EL ungesüßtes Kakaopulver |
| 1 Zweig Thymian | Salz |

Am Vortag Zwiebeln und Knoblauchzehen schälen und fein würfeln, Karotten putzen, waschen und in feine Scheiben schneiden. In einer großen Schüssel Kaninchenstücke, Zwiebel- und Knoblauchwürfel, Karottenscheiben, Lorbeerblatt, Thymianzweig und Wacholderbeeren mit dem Rotwein mischen und 24 Std. abgedeckt im Kühlschrank ziehen lassen.

Am nächsten Tag das Fleisch aus der Marinade nehmen und abtropfen lassen. Die Marinade durch ein Sieb schütten und sowohl die festen Bestandteile als auch die Flüssigkeit beiseitestellen.

Den Speck würfeln, im Olivenöl anbraten, die Kaninchenteile dazugeben und bräunen. Dann das Gemüse aus der Marinade hinzufügen, mit dem Mehl bestäuben und anschwitzen. Alles gut mischen, dann den flüssigen Teil der Marinade dazugießen.

Das Ganze auf niedriger Flamme 45–60 Min. – je nach Größe der Kaninchenstücke – köcheln lassen. Sobald das Fleisch gar ist, herausnehmen und warm halten. Inzwischen die Soße durch ein Sieb gießen, auffangen, langsam das Kakaopulver unterrühren und mit Salz abschmecken.

*Tipp:* Auch bei diesem Rezept kann ein halber Esslöffel Himbeer- oder Preiselbeermarmelade, zusammen mit der Schokolade zur Soße gegeben, ein völlig neues exquisites Geschmackserlebnis erzeugen. Trauen Sie sich und lassen Sie sich überraschen.

### Hähnchen auf ostafrikanische Art

| | |
|---|---|
| 4 Hähnchenschenkel à 200 g | 2 EL Paprikapulver edelsüß |
| 2 Gemüsezwiebeln | 3 TL Garam Masala |
| 4–5 Knoblauchzehen | 400 ml Hühnerbrühe |
| 2 Karotten | 100 ml Rotwein |
| 2 EL Butterschmalz | 50 g Edelbitterschokolade |
| Salz und Pfeffer | (70 % Kakaoanteil) |
| 4 kleine getrocknete Chilischoten | |

Die Hähnchenschenkel durch das Gelenk halbieren, kalt abspülen und mit Küchenpapier trocken tupfen. Gemüsezwiebeln, Knoblauchzehen und Karotten schälen und alles ganz fein würfeln.

In einer Schmorpfanne das Butterschmalz erhitzen, die Hähnchenschenkel salzen und pfeffern, bei mittlerer Hitze rundum in 10–12 Min. anbraten. Das Fleisch aus der Pfanne nehmen und die Gemüsewürfel im noch heißen Fett bei kleiner Hitze in ca. 15. Min. braun rösten.

Die Chilischoten in dünne Ringe schneiden und zum Gemüse geben, dann Paprikapulver und Garam Masala hinzufügen. Brühe und Wein angießen und alles zugedeckt bei kleiner Hitze 20–30 Min. schmoren lassen.

Die Hähnchenschenkel in die Soße legen und weitere 30 Min. zugedeckt garen, ab und zu wenden. Zum Schluss die Schokolade hacken und in der Soße schmelzen lassen. Mit Salz und Pfeffer abschmecken.

### Deftiger Eintopf

| | |
|---|---|
| 750 g Rindfleisch | 800 ml Brühe |
| 100 g Speck | 425 g Pizza-Tomaten (Dose) |
| 2 Karotten | 1 EL grüne Pfefferkörner |
| 2 Zwiebeln | je 1 Zweig Petersilie, Rosmarin, |
| 3 EL Öl | Thymian |
| Salz | 300 g Perlzwiebeln |
| gemahlener schwarzer oder | 600 g Kartoffeln |
| bunter Pfeffer | 30–40 g Zartbitterschokolade |
| 125 ml Sherry | |

Das Fleisch abtupfen und in fingerdicke Streifen schneiden, den Speck würfeln. Die Karotten schälen, längs halbieren und in Stücke schneiden. Die Zwiebeln abziehen und würfeln.

Das Öl im Topf erhitzen und den Speck darin auslassen. Nun die Fleischstreifen zufügen und ringsum scharf anbraten. Karotten und Zwiebeln dazugeben, mit Salz und Pfeffer würzen. Sherry und Brühe angießen und aufkochen lassen, dabei öfter umrühren, um den Bratensatz vom Boden zu lösen. Die Pizza-Tomaten mit Saft sowie Pfefferkörner zufügen und 45 Min. köcheln lassen. Die Kräuterzweige gut abbrausen, mit einer Schnur zusammenbinden und dazugeben.

Die Perlzwiebeln abziehen, die Kartoffeln schälen und grob würfeln. Beides in den Eintopf geben. Zum Schluss die klein gehackte Schokolade zufügen und alles weitere 35 Min. gar kochen.

Die Kräuter entfernen und den Eintopf mit Pfeffer und Salz abschmecken.

*Tipp:* Etwa 5 Min. vor Ende der Garzeit kann man noch etwa 1 Tasse braunes Bier oder 1 Schnapsglas Brandy in den Eintopf geben.

## Kansas City Jailhouse Banger

*Für 12 Portionen*

1½ kg Rindfleisch
500 g Chorizo
2 Zwiebeln
4–5 Knoblauchzehen
500 g Tomaten
½ Bund Petersilie
Butterschmalz zum Anbraten
500 g Schweinehack
250 g Tomatenmark
1 EL Worcestersoße
6 rote Chilischoten

3 Dosen dunkles Bier
3 TL gemahlener Kreuzkümmel
1 TL gemahlener Estragon
1 EL Basismischung Kakao
1 EL Salz
1 EL schwarzer gemahlener Pfeffer
2 EL gerebelter Oregano
3 EL Chilipulver
1 EL Apfelessig
150 g Zartbitterschokolade
4 Dosen rote Bohnen oder Pinto

Das Rindfleisch in ca. 2 cm große Würfel, Chorizo in dünne Scheiben schneiden. Zwiebeln und Knoblauchzehen abziehen und grob hacken. Tomaten waschen, vom Stielansatz befreien und würfeln. Petersilie waschen, trocken schütteln und fein hacken.

Die Fleischwürfel in Schmalz scharf anbraten, aus dem Topf nehmen und beiseitestellen. Schweinehack und Zwiebeln im selben Topf anbräunen. Tomatenmark, Worcestersoße, Knoblauch, Petersilie und Chilischoten dazugeben, mit Bier ablöschen. Nun alle übrigen Zutaten – außer Bohnen und Chorizo – zu der Hackfleischmischung zufügen und ca. 2 Std. köcheln lassen. Wenn notwendig, etwas Wasser nachfüllen.

Inzwischen die Bohnen abgießen und in einem Topf zusammen mit dem Chorizo in wenig Wasser kochen, bis sie al dente sind. Vom Herd nehmen und etwas abkühlen lassen. Separat zum Chili reichen.

Dies ist ein »echtes Chili«, d. h. die Bohnen werden nicht im selben Topf mitgekocht, sondern jeder mischt sich nach Lust und Laune selber Bohnen ins Chili, um nach Bedarf die Schärfe zu regulieren.

Dazu wird traditionell dicker Knoblauch-Toast gereicht.

*Hinweis:* Getrocknete Chilischoten entwickeln sofort ihre Schärfe, während frische Chilis etwas länger brauchen, um Wirkung zu zeigen.

*Tipp:* Habaneros sind die schärfsten Chilis, die es gibt. Danach kommen Serranos, Jalapenos und Anaheim – in dieser Reihenfolge.

## Rindermedaillon mit Kaffee-Schokoladen-Soße

*Für 2 Personen*

½ scharfe Chilischote

5 Kaffeebohnen

25 g kalte Butter

50 g Sahne

50 ml Rinderbrühe

1–2 EL Cognac

15 g dunkle Schokolade

(z. B. Cremant)

Salz und Pfeffer aus der Mühle

2 Rinderfilets à 180–200 g

evtl. etwas Himalaja-Salz

Chili entkernen und in dünne Streifen schneiden. Die Kaffeebohnen in einem Mörser zerstoßen und die Butter in kleine Stückchen schneiden.

In einem flachen Topf mit einer Flocke Butter die Chilistreifen und den zerstoßenen Kaffee leicht andünsten, anschließend mit Sahne und Rinderbrühe ablöschen und aufkochen lassen.

Dann die Hitze reduzieren, 5 Min. köcheln lassen, durch ein Sieb geben. Die aufgefangene Soße wieder zurück in den Topf gießen, leicht abkühlen lassen. Anschließend Cognac und Schokolade hinzufügen und bei kleiner Hitze schmelzen. Nicht mehr kochen! Etwas Butter unter Rühren zufügen. Die Soße nun nur noch warm halten und mit Salz und Pfeffer abschmecken.

Die Filets pfeffern und in der restlichen Butter in einer Pfanne bei mittlerer Hitze langsam auf jeder Seite je nach Geschmack 3–4 Min. braten. Die Pfanne vom Herd nehmen, das Fleisch darin noch 1 Min. ziehen lassen und evtl. mit Himalaja-Salz würzen.

Die Medaillons auf vorgewärmten Tellern anrichten und mit der Soße umgießen. Dazu passen breite, in Butter geschwenkte Bandnudeln und Mischgemüse jeder Art.

### Hühnerschenkel »Xocolatl«

3 getrocknete Chilis Guajillos

4 getrocknete Chilis Anchos

1½ kg Hähnchenschenkel

2 Tomaten

1 große Zwiebel
2–3 Knoblauchzehen
50 g ungesalzene Erdnüsse
5–6 eingeweichte Trocken-
aprikosen
50 g geschälte Mandeln
1 EL Sesamkörner

2 EL Schmalz oder Olivenöl
Salz
1 Msp. gemahlener Zimt
1 Msp. gemahlene Nelken
1 TL getrockneter Oregano
50 g Bitterschokolade

Die Chilischoten entkernen und in warmem Wasser 1 Std. einweichen, das Einweichwasser aufbewahren. Die Hähnchenschenkel unter fließendem Wasser sorgfältig abspülen und trocken tupfen. In Salzwasser ca. 45 Min. garen, dann aus dem Sud nehmen und abkühlen lassen. Den Sud aufbewahren.

Inzwischen die Tomaten waschen, entkernen und klein schneiden. Die Zwiebel schälen und vierteln, die Knoblauchzehen abziehen und halbieren. Die eigeweichten Chilischoten klein schneiden. Zusammen mit den portionsweise dazugegebenen Erdnüssen, Aprikosen, Mandeln und Sesamkörnern und etwas vom Einweichwasser der Chilis im Mixer pürieren.

In einer großen Pfanne das Schmalz oder Olivenöl erhitzen und das Chilipüree unter ständigem Rühren 1 Min. darin köcheln lassen. Nach Geschmack mit Salz, Zimt, Nelken und Oregano würzen. Nun die Schokolade hineinbröckeln und bei mittlerer Hitze darin auflösen. Die Hühnchenteile in die Soße legen und unter mehrmaligem Wenden langsam erwärmen.

Dazu passen hervorragend Avocado- und/oder Karottenpüree und Tortillas.

### Filetsteak Darling Mireya

*Für 2 Verliebte*

| | |
|---|---|
| 300 g frische Erdbeeren | Salz |
| 2 EL schwarzer Pfeffer aus Mühle | 300 ml Rotwein |
| 2 Filetsteaks à 180–200 g | ½ EL Bratenfond |
| 1 EL Butterschmalz | 2 TL Kakaopulver |

Erdbeeren säubern, halbieren und mit 1 Esslöffel schwarzem Pfeffer bestreuen. Die Filetsteaks im Butterschmalz mindestens 2 Min. von jeder Seite scharf anbraten, aus der Pfanne nehmen und mit dem restlichen Pfeffer sowie mit Salz würzen. In Alufolie wickeln und ruhen lassen.

Rotwein, Bratenfond und Kakao in die Pfanne geben und bei großer Hitze einkochen lassen, bis die Soße eine cremige Konsistenz hat.

Das Fleisch mit den gepfefferten Erdbeeren und der Schokosoße anrichten.

### Hähnchenbrust Sarah Margareta

*Für 2 Personen*

| | |
|---|---|
| 4 EL Mehl | 2 EL Sesamöl |
| 1 Ei | evtl. 1 Schuss Rotwein |
| Salz und Pfeffer | ½ TL Instant-Hühner- oder |
| 1 Prise Chilipulver oder | Gemüsebrühe |
| Cayennepfeffer | etwas heißes Wasser |
| 6 EL Sesam | 2 EL Tomatenmark |
| 2 rote Zwiebeln | 3–4 Rippen dunkle Schokolade |
| 1 Chilischote | ½ TL brauner Zucker oder |
| 2 Hähnchenbrustfilets | 1 TL Basismischung Kakao |

Für die Panade auf einem Teller das Mehl vorbereiten, in einem zweiten – tiefen – Teller das Ei mit Salz, Pfeffer und Chilipulver bzw. Cayennepfeffer verquirlen und auf einen dritten Teller die Sesamkörner geben. Zwiebeln abziehen, Chilischote waschen und beides möglichst fein hacken. Den Backofen auf 150 Grad vorheizen.

Die Hähnchenbrustfilets waschen und trocken tupfen. Das Sesamöl in einer Pfanne erhitzen und die Filets darin von jeder Seite kurz scharf anbraten. Fleisch herausnehmen, Bratensaft aufheben. Die Filets zuerst in Mehl, dann in Ei und anschließend in Sesam wenden. In einen Bräter legen, mit Alufolie locker bedecken und in den Ofen geben. Eine Schale Wasser mit in den Backofen stellen, um zu verhindern, dass das Fleisch zu trocken wird. Nach 15–20 Min. prüfen, ob es gar ist.

In der Zwischenzeit den Bratensaft eventuell mit etwas Sesamöl auffüllen und die Zwiebelwürfel darin andünsten. Die gehackte Chilischote dazugeben (mit den Kernen wird die Soße feuriger!), einige Minuten köcheln lassen, dann mit einem kräftigen Schuss Rotwein ablöschen und bei geringer Hitze ein wenig eindicken lassen.

Die Hühner- oder Gemüsebrühe in etwas Wasser auflösen und mit in die Pfanne geben. Nun zuerst das Tomatenmark zugeben und auflösen, dann die Hälfte der Schokolade. Die Soße sollte jetzt richtig cremig sein und farblich sehr an Schokolade erinnern. Schmeckt man die Schokolade noch nicht richtig heraus, ruhig noch einmal die gleiche Menge dazugeben, bis der gewünschte Geschmack erreicht ist. Mit Salz, Pfeffer und braunem Zucker oder Basismischung Kakao abschmecken.

Die Filets auf vorbereiteten Tellern anrichten und die pikant-exotische Soße dazu servieren.

*Tipp:* Eine geschmacklich ausgesprochen »runde« Beilage dazu ist ein Süß-kartoffelpüree, dem kurz vor dem Servieren ein guter Teelöffel Kirschmar-melade untergemischt wurde. Auch ein Püree aus Kartoffeln und Karotten zu gleichen Teilen mit einem EL Walnussöl passt ausgezeichnet.

### Lachs mit weißer Schoko-Polenta

| | |
|---|---|
| 4 EL Olivenöl | 620 g Sahne |
| 1 Limonenblatt | 500 ml Milch |
| Salz und Pfeffer | 110 g Polentagrieß (Weizengrieß tut |
| 4 Scheiben Lachs à 150 g | es auch) |
| 1 Zweig Thymian | 40 g weiße Schokolade |
| ½ Stange Zitronengras | 70 ml weißer Portwein |
| 1 Schalotte | 40 g küchenfertige Brunnenkresse |
| Olivenöl | (oder 2 Schälchen Gartenkresse) |

Für die Lachsmarinade 2 Esslöffel Olivenöl mit dem Limonenblatt, Salz und Pfeffer mischen und die Lachsscheiben 30–40 Min. darin marinieren.

In der Zwischenzeit Thymian und Zitronengras waschen und trocken tupfen. Die Schalotte abziehen und in feine Würfel schneiden. Alles zusammen in einer Pfanne in 1 Esslöffel Olivenöl anschwitzen. 500 ml Sahne und die Milch angießen und aufkochen lassen. Den Grieß einrühren und nach Packungs-angabe weich kochen lassen (evtl. etwas Wasser oder Milch nachgießen, da-mit der Brei nicht zu fest wird). In der Zwischenzeit die weiße Schokolade schmelzen und am Ende der Garzeit in die Polenta rühren. Warm stellen.

Den marinierten Lachs im restlichen Öl anbraten und wenn er gar ist auf einem Teller warm stellen.

*11  Die Guacamole gehört zu jeder mexikanischen Mahlzeit dazu.*

In derselben Pfanne den Portwein und die restliche Sahne kurz miteinander aufkochen, mit Salz abschmecken und die Kresse zugeben.

Die Polenta auf angewärmte Teller geben, Lachs darauflegen und mit der Kressesoße beträufeln.

*Tipp:* Dazu passt als Wein ein trocken-spritziger Rheinhessen. Aber auch ein Rosé aus der Toskana rundet diese Spezialität ab.

### Thunfisch auf Guacamole mit Schokoladensoße

Zum Abschluss der Hauptspeisen habe ich mir ein etwas anspruchsvolleres »Schmankerl« aus der mexikanisch-kubanischen Küche vorbehalten. In seiner Heimat ist es unter dem schlichten Namen *Guacamole* bekannt, was nichts anderes heißt als »Avocadosoße«. Eine Ärztin vom Herzzentrum in Havanna hat es mir unter besonderen Umständen einmal anvertraut.

2 Schalotten
2–3 Knoblauchzehen
1–2 rote Chilischoten
5 EL Olivenöl
2 Avocados
1 EL Limettensaft
1 TL Kreuzkümmel
1 TL Korianderpulver
1 Fleischtomate
Salz und Pfeffer

400 g Thunfischfilets (möglichst aus dem Bauchlappen)
4 Jakobsmuscheln
40 g Guineapfeffer-Paradieskörner
50–70 g Zartbitterschokolade
1 TL tasmanischer Pfeffer
1 TL Zucker
evtl. 4 TL schwarzes Hawaii-Salz
1 Handvoll Rote-Bete-Sprossen

Für die Guacamole Schalotten und Knoblauchzehen abziehen, Chilis waschen. Alles klein würfeln und in 3 Esslöffeln Öl anschwitzen. Abkühlen lassen. Währenddessen das Fruchtfleisch der Avocados auslösen und zusammen mit Limettensaft, Kreuzkümmel und Koriander mit dem Stabmixer pürieren. Die Fleischtomate waschen, vom Stielansatz befreien, entkernen und in kleine Würfel schneiden. Mit dem Avocadopüree und der abgekühlten Chili-Mischung verrühren und mit Salz und Pfeffer abschmecken.

Die Thunfischfilets und die Jakobsmuscheln abspülen und trocken tupfen. Den Fisch in kleine Balken mit etwa 3 cm hohen Kanten schneiden. Die Paradieskörner in einem Mörser kräftig zerkleinern (sie sind äußerst hart und sehr mahlresistent!). Den Thunfisch darin von allen Seiten wenden. Die Jakobsmuscheln nur leicht mit den gemahlenen Körnern bestreuen.

Nun für die Schokoladensoße die Zartbitterschokolade klein hacken und im Wasserbad unter Rühren schmelzen. Inzwischen den tasmanischen Pfeffer grob mahlen und zusammen mit dem Zucker unter die Schokolade rühren. Warm stellen und immer wieder umrühren.

Auf jedem Teller einen großzügigen Klecks Guacamole (evtl. mithilfe eines Servierrings) anrichten. In einer beschichteten Pfanne das restliche Olivenöl erhitzen und den Thunfisch von jeder Seite nur wenige Sekunden anbraten. Die Jakobsmuscheln von beiden Seiten je ca. 1 Min. anbraten. Die Muscheln sollen innen noch glasig sein, der Thunfisch rosa.

Fisch und Muscheln auf der Guacamole anrichten, nach Belieben mit schwarzem Hawaii-Salz bestreuen und mit einem Häufchen Rote-Bete-Sprossen garnieren. Die Schokoladensoße um das Ganze herumträufeln.

*Tipp:* Paradieskörner erhalten Sie im Feinkostladen. Sie sind eine sehr alte Pfefferart mit einem sehr eigenen Geschmack.

Die Guacamole kann natürlich nach Belieben milder oder schärfer zubereitet werden. Allerdings stellt die Schärfe einen tollen Kontrast zur Schokosoße dar. Einigen meiner Gäste sind auch schon einmal die Tränen gekommen – was nur für die Authentizität der Guacamole sprach.

## Warme Desserts

Schokolade sorgt immer für angenehme Empfindungen – und das ganz besonders, wenn sie in Form einer warmen Nachspeise serviert wird. Wer könnte schon einem dampfend heißen Schokocremepudding oder einem luftigen Schokoladensoufflé widerstehen?

Insbesondere Kinder lieben schokoladige Abwandlungen vertrauter Lieblingsspeisen wie z. B. den leckeren Brotpudding.

Wer sich gerne an etwas ausgefallenen Rezepten versucht, kann auch Gäste mit warmen Schokoschleckereien überraschen – aber machen Sie sich zunächst einmal selbst eine Freude, indem Sie eines der Rezepte ausprobieren und damit experimentieren.

### Beschwipstes Schokoladenrisotto

| | |
|---|---|
| 450 ml Vollmilch | 30–40 g Nugat |
| 2 Pck. Vanillezucker | 5 EL Kaffee- oder Schokoladenlikör |
| 125 g Risottoreis | 50 g Crème fraîche oder |
| 40–50 g Zartbitterschokolade oder | geschlagene Sahne |

Die Milch in einem Topf mit dem Vanillezucker erhitzen. Kurz vor dem Aufkochen den Risottoreis hinzufügen und unter Rühren ca. 15 Min. bei geringer Hitze köcheln lassen, bis der Reis eine cremige Konsistenz hat, aber noch ein wenig al dente ist. Schokolade oder Nugat klein hacken und unter den Reis rühren, bis sie sich komplett aufgelöst hat. Anschließend den Likör unterziehen.

Milchreis auf Schälchen verteilen und mit je einem Klecks Crème fraîche oder Sahne garniert servieren.

*Tipp:* Schokolade und Likör lassen sich beliebig variieren und somit kann man dem Ganzen immer wieder eine andere Geschmacksnote verleihen, z. B. mit gewürfelten Birnenstückchen mit einem Schuss Williams-Birnenschnaps. Der Fantasie sind keine Grenzen gesetzt.

## Schokoauflauf Gabriele

| | |
|---|---|
| 200 g schmale Bandnudeln | 50 g Rosinen in Rum |
| Salz | abgeriebene Schale von |
| 500 g Magerquark | ½ unbehandelten Zitrone |
| 2 Eier | 1 Becher (200 g) Sahne |
| 70 g Zucker | Fett für die Form |
| 150 g gehackte Haselnüsse | 40 g Hagelzucker (oder grober, |
| 50 g gemahlene Haselnüsse | brauner Rohrzucker) |
| 50 g gehackte Pistazien | 20 g Butter |
| 50 g geriebene Zartbitterschokolade | |

Die Bandnudeln in Salzwasser nach Packungsanleitung al dente kochen. Den Quark gut abtropfen lassen, mit Eiern, Zucker, 100 g gehackten sowie den gemahlenen Nüssen, Pistazien, Schokolade, Rumrosinen und Zitronenschale vermischen. Die Hälfte der Sahne unterrühren.

Den Backofen auf 225 Grad vorheizen.

Eine Auflaufform einfetten und schichtweise die gut abgetropften Nudeln und die Schokoladen-Quark-Masse hineinfüllen. Die oberste Schicht sollten Nudeln sein. Mit der restlichen Sahne begießen. Die übrigen gehackten Haselnüsse mit dem Hagelzucker mischen und über den Auflauf streuen. Darauf Butterflöckchen verteilen und im Backofen auf der mittleren Schiene in ca. 35 Min. überbacken.

## Minipudding mit Ingwer

*Für den Pudding:*
Fett für die Förmchen
100 g gesiebtes Mehl
100 g weiche Margarine
1 TL Backpulver
100 g Basismischung Kakao
2 Eiweiß
25 g gesiebtes Kakaopulver
25 g Zartbitterschokolade
50 g frischer Ingwer

*Für die Schokosoße:*
2 Eigelb
1 EL Basismischung Kakao
1 TL Speisestärke
300 ml Milch
100 g Zartbitterschokolade
Puderzucker zum Bestäuben

Vier (oder je nach Größe auch mehr) kleine Puddingformen leicht einfetten. Mehl, Margarine, Backpulver, Basismischung, Eiweiße und Kakaopulver mit dem Handrührgerät zu einem glatten Teig verarbeiten. Schokolade und Ingwer hacken und einrühren.

Den Teig in die Förmchen füllen (sie sollten etwa zu drei Viertel voll sein) und glatt streichen. Die Oberfläche der Formen mit passend zugeschnittenem Backpapier und alles zusammen noch einmal mit doppelt gefalteter Alufolie abdecken. 45 Min. im Wasserbad dämpfen, bis die Puddings gar sind und beim Andrücken leicht nachgeben.

Unterdessen für die Soße Eigelbe, Basismischung und Speisestärke in einem Topf zu einer glatten Paste verrühren. Die Milch kurz aufkochen, dann zur Eigelb-Mischung zugeben. Bei schwacher Hitze so lange rühren, bis die Soße eingedickt ist, dann vom Herd nehmen und die Schokolade stückchenweise einrühren, bis sie sich aufgelöst hat.

Die Puddingförmchen aus dem Wasserbad nehmen, den oberen Rand mit einem Messer lösen und die Puddings auf kleine Dessertteller stürzen. Mit Puderzucker bestäuben, mit etwas Soße übergießen und servieren.

## Birnen-Ingwer-Strudel

*Für 4–6 Personen*
Ruhezeit für den Teig: 2 Std.

*Für den Strudelteig:*
250 g Mehl
150 ml lauwarmes Wasser
2 EL Öl
Salz und Öl zum Bestreichen

*Für die Füllung:*
5–6 Williams-Birnen
100 g kandierter Ingwer

Saft von 1 Zitrone
50 g Basismischung Kakao
2 EL Williams-Birnengeist
50 g Paniermehl
100 g Butter

*Für die Soße:*
100 g Zartbitterschokolade
50 g Rohrzucker
150 g Sahne
Puderzucker zum Bestäuben

Für den Strudelteig Mehl mit lauwarmem Wasser, Öl und 1 Prise Salz zu einem glatten, elastischen Teig verkneten. Den Teig zu einer Kugel formen, mit etwas Öl bestreichen, in Frischhaltefolie wickeln und etwa 2 Std. ruhen lassen.

Für die Füllung die Birnen schälen, vierteln und die Kerngehäuse entfernen. Die Birnenviertel in dünne Scheiben schneiden. Den Ingwer in feine Würfel schneiden, mit den Birnenscheiben in eine Schüssel geben. Zitronensaft, Basismischung, Williams-Birnengeist und Paniermehl hinzufügen und alles gut vermischen. Den Backofen auf 200 Grad vorheizen.

In einem kleinen Topf die Butter zerlassen. Den Strudelteig auf einem Küchentuch ausrollen und sehr dünn ausziehen, mit einem Teil der zerlassenen Butter bestreichen. Die Birnen-Ingwer-Mischung am unteren Rand in einer langen Bahn auf dem Teig verteilen. Nun den Strudel mithilfe des Tuches vorsichtig aufrollen und mit der Naht nach unten auf ein mit Backpapier ausgelegtes Backblech legen. Mit der restlichen zerlassenen Butter bestreichen und im vorgeheizten Ofen auf der mittleren Schiene etwa 25 Min. goldbraun backen.

Für die Soße die Schokolade fein hacken. Den Zucker in einem Topf oder einer Pfanne karamellisieren lassen. Mit der Sahne ablöschen und kurz aufkochen lassen. Den Topf vom Herd nehmen, die Schokolade hinzufügen und unter Rühren schmelzen lassen.

Den Strudel aus dem Ofen nehmen und etwas abkühlen lassen. Dünn mit Puderzucker bestäuben und mit der Schokoladensoße servieren.

### Fruchtauflauf Bodensee

230 g frische Himbeeren
2 Äpfel
4 EL Himbeergelee
2 EL Portwein nach Belieben

1 TL Backpulver
50 g Milchschokolade
1 Ei
2 EL Milch

*Für den Teig:*
50 g weiche Margarine
50 g Rohrzucker
75 g gesiebtes Mehl

*Für die Soße:*
90 g Zartbitterschokolade
150 g Schlagsahne

Himbeeren wenn nötig vorsichtig spülen und auf einem Küchentuch trocknen lassen. Äpfel schälen, vom Kerngehäuse befreien und in dicke Scheiben schneiden. Die Früchte in eine flache, feuerfeste Form geben.

Himbeergelee und Portwein in einem kleinen Topf vorsichtig erhitzen, bis das Gelee geschmolzen ist und sich mit dem Portwein verbunden hat. Die Mischung über die Früchte gießen.

Den Backofen auf 180 Grad vorheizen. Alle Zutaten für den Teig in einer großen Rührschüssel zu einer glatten Masse verrühren. Den Teig über die Früchte löffeln und glatt streichen. Im Ofen 40–45 Min. backen, bis der Teig beim Andrücken leicht nachgibt.

Für die Schokoladensoße die Schokolade in kleine Stücke brechen, mit der Sahne in einem Topf vorsichtig erhitzen und zu einer glatten Soße verrühren. Noch warm zum Auflauf servieren.

*Variationen:* Mischen Sie dunkle Schokolade unter den Teig oder belegen Sie den Auflauf mit in »Marillenwasser« eingelegten Aprikosenhälften.

## Cheesecake Philadelphia

*Für 1 Springform mit*
*24 cm Durchmesser*
Kühlzeit: 1 Std.

*Für den Boden:*
1 EL Butter
125 g Butterkekse
1 Pck. Vanillezucker
1 EL Kakaopulver
Fett für die Form

*Für die Füllung:*
600 g Doppelrahm-Frischkäse

50 g Mehl
180 g Basismischung Kakao
1 Vanilleschote
4 Eier
2 unbehandelte Zitronen
1 unbehandelte Orange
4 EL Schokolinsen
(Chocolate Chips)
100 g Sahne

*Für die Glasur:*
100 g Zartbitterkuvertüre

Für den Teigboden die Butter in einem kleinen Topf zerlassen. Die Butterkekse in einen Gefrierbeutel geben, mit dem Nudelholz fein zerbröseln und in eine Schüssel füllen. Zerlassene Butter, Vanillezucker und Kakao hinzufügen und alles gut vermischen. Die Springform einfetten, die Bröselmischung auf dem Boden verteilen und andrücken. Etwa 30 Min. kühl stellen.

In der Zwischenzeit für die Füllung Frischkäse, Mehl und Basismischung in einer Schüssel cremig rühren. Die Vanilleschote der Länge nach aufschneiden und das Mark herauskratzen. Nach und nach die Eier und das Vanillemark unter die Frischkäsecreme rühren. Die Zitronen und die Orange heiß abwaschen, trocken reiben und die Schale fein abreiben. Die Zitrusschalen unter die Käsecreme rühren, dann die Schokolinsen zugeben. Die Sahne in einem hohen Rührbecher steif schlagen und ebenfalls vorsichtig unter die Creme heben.

Den Backofen auf 180 Grad vorheizen. Einen Streifen Backpapier von ca. 80 cm Länge zuschneiden. Zweimal der Länge nach falten und als Rand innen in die Springform setzen. Die Frischkäsecreme einfüllen und im Ofen auf der untersten Schiene 15 Min. backen. Dann die Temperatur auf 150 Grad herunterschalten und den Kuchen noch 1 Std. weiterbacken. In dieser Zeit die Backofentür nicht öffnen, sonst fällt der Kuchen zusammen. Am Ende der Backzeit vorsichtig herausnehmen und abkühlen lassen. Wenn der Kuchen fast kalt ist, die Kuvertüre im Wasserbad erwärmen und die Kuchenoberfläche mit der flüssigen Schokolade entweder dünn bestreichen oder mit Mustern (z. B. Striche, Ringe oder Spiralen) verzieren.

Vor dem Servieren noch etwa 30 Min. bis 1 Std. in den Kühlschrank stellen.

*Tipp:* Für Eilige: Der Kuchen schmeckt auch ohne Glasur hervorragend.

## Omas Brotpudding

| | |
|---|---|
| 50–70 g Zartbitterschokolade | 2 Eigelb |
| 250 g Weißbrot | 50 g Basismischung Kakao |
| 20 g Butter | 400 ml Kondensmilch |
| 1 Ei | |

Die Schokolade raspeln. Das Weißbrot in dünne Scheiben schneiden und eine Seite dünn mit Butter bestreichen. Den Boden einer flachen Auflaufform mit den Weißbrotscheiben belegen – mit der Butterseite nach unten. Ein paar Schokoladenraspeln darüberstreuen. Nun abwechselnd Brot und Schokoraspeln übereinanderschichten, mit Weißbrot abschließen.

Ei, Eigelbe und Basismischung schaumig schlagen. Die Kondensmilch erhitzen, bis sie gerade eben zu köcheln beginnt, dann nach und nach in die Eimischung gießen, dabei ständig rühren.

Die Soße über das Brot gießen und 5 Min. einziehen lassen. Das Brot gut andrücken.

Den Backofen auf 180 Grad vorheizen. Die Auflaufform in einen zur Hälfte mit Wasser gefüllten Bräter stellen. Im Ofen ca. 30 Min. garen, bis der Auflauf fest geworden ist. Vor dem Servieren 5 Min. abkühlen lassen.

*Tipp:* Dieses Dessert kann auch schon einige Stunden im Voraus vorbereitet und erst bei Bedarf gebacken werden. Und kalt schmeckt der Brotpudding auch – mit einem Häubchen aus Schlagsahne.

### Aprikosen-Apfel-Auflauf mit Knusperdecke

| | |
|---|---|
| Butter für die Form | 80 g Butter |
| 400 g Aprikosen aus der Dose | 50 g Haferflocken |
| 450 g Kochäpfel | 50 g Basismischung Kakao |
| 100 g Mehl | 100 g geraspelte Bitterschokolade |

Eine feuerfeste Form mit etwas Butter einpinseln. Den Backofen auf 180 Grad vorheizen.

Die Aprikosen abgießen, dabei 4 EL Saft auffangen. Äpfel schälen, vom Kerngehäuse befreien und in dicke Scheiben schneiden. Das Obst mit dem aufgefangenen Saft in die Form füllen und gut vermengen.

Das Mehl in eine Schüssel sieben. Die Butter in kleine Würfel schneiden und mit den Fingern in das Mehl einarbeiten, bis die Mischung krümelig ist. Haferflocken, Basismischung und Schokoladenraspeln unterrühren.

Die Mischung über die Früchte geben und etwas glatt streichen, dabei nicht drücken. Den Auflauf im Backofen 40–45 Min. backen, bis die Oberfläche goldbraun ist. Heiß oder kalt servieren.

*Tipp:* Die Früchte können Sie je nach Laune auch variieren: Hervorragend schmecken z. B. frische Pfirsiche mit Himbeeren. Falls Sie ausschließlich frische Früchte verwenden, geben Sie 4 Esslöffel frisch gepressten Orangensaft dazu.

### Schoko-Minze-Sahne-Ecken

*Für 1 Backblech*
Kühlzeit: 2 Std.

*Für den Biskuitteig:*
8 Eigelb
Salz
2 TL abgeriebene Schale von
1 unbehandelten Zitrone
100 g Basismischung Kakao
4 Eiweiß
60 g Mehl
2 EL Speisestärke
50 g Kakaopulver

*Für die Füllung:*
4 Blatt weiße (Bio-)Gelatine
250 ml Milch
200 g Sahne
75–80 g Basismischung Kakao
1 TL Speisestärke
2 Eigelb
2 EL Pfefferminzsirup
100–120 g Schokolade mit Minzefüllung

Den Backofen auf 220 Grad vorheizen. Für den Biskuitteig die Eigelbe mit 1 Prise Salz, Zitronenschale und der Hälfte der Basismischung cremig rühren. Die Eiweiße in einem hohen Becher sehr steif schlagen, nach und nach den Rest der Basismischung einrieseln lassen. Mehl, Stärke und Kakaopulver auf die Eigelbmasse sieben, den Eischnee daraufgeben und alles unterheben. Den Teig auf ein mit Backpapier ausgelegtes Blech streichen und im Ofen auf der mittleren Schiene 8–10 Min. backen.

Fertigen Biskuit aus dem Ofen nehmen, auf ein feuchtes Küchentuch stürzen und das Backpapier entfernen. Mit einem zweiten feuchten Küchentuch bedecken und abkühlen lassen.

Für die Füllung die Gelatine nach Packungsanweisung in Wasser einweichen.

Milch, Sahne, Basismischung Kakao, Stärke und Eigelbe in einem Topf miteinander verrühren und kurz aufkochen lassen. Vom Herd nehmen und den Pfefferminzsirup unterrühren.

Gelatine ausdrücken, in 3 Esslöffeln der heißen Füllung auflösen und dann mit der restlichen Masse verrühren. Die Creme 1 Std. kühl stellen, bis sie fest zu werden beginnt. Dann die Schokolade hacken und unter die Creme heben. Die Biskuitplatte mit einem langen Messer quer halbieren, eine Hälfte mit der Minzcreme bestreichen und dann die zweite Hälfte auflegen. 2 Std. kühl stellen und zum Servieren in Ecken schneiden.

### Orangencrêpes mit Bananen

3 große Bananen
6 EL frisch gepresster Orangensaft
abgeriebene Schale von
1 unbehandelten Orange
2 EL Orangen- oder Bananen-
likör

*Für die Soße:*
1 EL Kakaopulver
2 TL Speisestärke
3 EL Milch
50 g Zartbitterschokolade
20 g Butter

180 ml heller Sirup

2–4 Tropfen Basismischung Vanilleextrakt (oder Vanillearoma)

*Für die Crêpes:*
100 g Mehl

1 TL Kakaopulver

1 Ei

1 TL Sonnenblumenöl

300 ml Milch

Öl zum Ausbacken

Die Bananen schälen und in Scheiben schneiden, mit Orangensaft und -schale sowie dem Likör in eine Schüssel geben und beiseitestellen.

Für die Soße Kakaopulver und Stärke mischen, die Milch zugießen und einrühren. Die Schokolade zerbröseln und mit Butter und Sirup in einem kleinen Topf zum Schmelzen bringen, gut verrühren. Die Kakaomischung zugießen und unter Rühren bei schwacher Hitze aufkochen. 1 Min. köcheln lassen, dann vom Herd nehmen und das Vanilleextrakt (bzw. Vanillearoma) hinzufügen.

Für die Crêpes Mehl und Kakaopulver in eine Schüssel sieben und in die Mitte eine Vertiefung drücken. Ei und Sonnenblumenöl in die Mulde gießen. Nach und nach die Milch einrühren, bis ein glatter Teig entsteht.

Öl in einer Pfanne erhitzen, etwas Teig zugeben und die Pfanne schwenken, bis der Teig den Boden ganz bedeckt. Bei mittlerer Hitze backen, bis die Unterseite leicht gebräunt ist, dann wenden und auf der anderen Seite goldbraun backen. Warm stellen, bis alle Crêpes gebacken sind.

Zum Servieren die Schokoladensoße erwärmen, die Pfannkuchen mit den Bananenscheiben füllen und zu Dreiecken falten. Mit etwas Soße übergießen und servieren

*Tipp:* Besorgen Sie sich in der Apotheke oder in einem Geschäft für Küchen-

zubehör ein oder mehrere Fläschchen mit Zerstäuber. Füllen Sie in diesem Fall eine entsprechende Portion Bananen- oder Orangenlikör in das Fläschchen, Sprühverschluss aufsetzen, zudrehen und ein- oder zweimal auf die Crêpes sprühen. Sie und Ihre Gäste werden staunen!

In den Sprühfläschchen können Sie nach Belieben auch flüssige Gewürze aufbewahren und so bei Bedarf z. B. Balsamico, diverse Öle oder eigene Kreationen aufsprühen. Zum Nachwürzen von Speisen hervorragend geeignet.

### Tonkabohnenwaffeln mit Blaubeeren

*Für 8 Waffeln*

*Für das Kompott:*

75 g Zucker

1–2 TL Speisestärke

300 ml heller Traubensaft

Mark von ½ Vanilleschote

200 ml trockener Rotwein

300 g aufgetaute TK-Blaubeeren

*Für die Waffeln:*

125 g weiche Butter

200 g Zucker

1 Pck. Vanillezucker

½ Tonkabohne

1 Msp. Salz

3 Eier

250 g Mehl

2 EL Kakaopulver

250 ml Milch

Fett für das Waffeleisen

Puderzucker zum Bestäuben

Für das Kompott den Zucker in einem Topf karamellisieren lassen. Die Stärke mit 2 Esslöffeln Traubensaft verrühren. Vanillemark, Rotwein und restlichen Saft zum Karamell geben. So lange kochen lassen, bis sich alles aufgelöst hat. Nun die angerührte Stärke unter Rühren dazugießen, aufkochen

*12  Crêpes mit Fruchtfüllung und Schokosoße sind vor allem bei Kindern beliebt.*

und den Karamellsud damit binden. Zum Schluss die Blaubeeren hinzufügen, erhitzen, dann alles in eine Schüssel geben und abkühlen lassen.

Für die Waffeln Butter mit Zucker, Vanillezucker, fein geriebener Tonkabohne und Salz mit dem Handrührgerät cremig rühren. Eier verquirlen, nach und nach darunterschlagen. Mehl mit Kakaopulver mischen, abwechselnd mit der Milch zügig unter die Buttermischung rühren.

Aus dem Teig in einem gefetteten Waffeleisen ca. 8 Waffeln backen. Fertige Waffeln zugedeckt im Backofen bei 100 Grad warm halten.

Waffeln mit Puderzucker bestäuben und mit Blaubeerkompott servieren.

## Birnentorte Spezial

*Für 1 Tarteform mit 20 cm Durchmesser*

*Für den Tortenboden:*
Fett für die Form
100 g Mehl
30 g gemahlene Mandeln
60 g Butter
3 EL Wasser

*Für die Füllung:*
400 g Birnenhälften aus der Dose
50 g Butter
60 g Zucker

2 Eier
100 g gemahlene Mandeln
2 EL Kakaopulver
3 Tropfen Bittermandelaroma
Puderzucker zum Bestäuben

*Für die Soße:*
180 g Zartbitterschokolade
100 ml Wasser
50 g Zucker
3 EL heller Sirup
evtl. ½ EL Williams-Birnenlikör
25 g Butter

Die Tarteform leicht einfetten. Das Mehl in eine Schüssel sieben und die Mandeln unterrühren. Die Butter mit den Fingern einarbeiten, bis die Mischung krümelig ist. So viel Wasser dazugeben, bis ein weicher Teig entsteht. Abdecken und 10 Min. ins Tiefkühlfach stellen. Dann den Teig flach ausrollen und die Form damit auskleiden. Den Boden mit einer Gabel mehrmals einstechen und bis zur Verwendung kalt stellen.

Die Birnen abgießen. Butter und Zucker schaumig schlagen. Die Eier verquirlen und unterrühren. Mandeln, Kakao und Bittermandelaroma zufügen. Den Backofen auf 200 Grad vorheizen. Den Tortenboden aus der Kühlung holen und mit der Füllung bestreichen. Zuletzt die Birnen darauflegen und leicht andrücken. Im Backofen 30 Min. backen, bis die Füllung aufgegangen ist. In der Zwischenzeit für die Soße die Schokolade reiben. Das Wasser in einem Topf erhitzen, nicht kochen. Alle übrigen Zutaten in das Wasser geben (die Butter zum Schluss) und gut verrühren. Etwas abkühlen lassen.

Den fertigen Kuchen aus dem Backofen nehmen, kurz abkühlen lassen, dann mit Puderzucker bestäuben und mit der noch warmen Soße servieren.

*Tipp:* Auch ein Tropfen von der Basismischung Vanilleextrakt – oder eine gute Prise Chilipulver – macht sich in der Füllung gut.

### Schoko-Apfelkuchen

*Für 1 Spring- oder Auflaufform*　　　200 g Mehl
*mit 20 cm Durchmesser*　　　　　　 100 g weiche Butter
*Für den Schoko-Mürbeteig:*　　　　  50 g Basismischung Kakao
4 EL Kakaopulver　　　　　　　　　  2 Eigelb

5 Tropfen Vanillearoma
(oder 10 Tropfen Basismischung
Vanilleextrakt)
kaltes Wasser nach Bedarf
Mehl für die Arbeitsfläche

*Für die Füllung:*
750 g Kochäpfel
30 g Butter

½ TL gemahlener Zimt
50–60 g geraspelte Zartbitterschokolade
1 Eiweiß, geschlagen
½ TL Zucker

*Außerdem:*
Vanilleeis oder Schlagsahne zum
Servieren

Kakaopulver und Mehl in eine Schüssel sieben. Die Butter in Flöckchen zugeben und mit den Fingern verreiben, bis die Masse krümelig ist. Basismischung einrühren, Eigelb, Vanillearoma (oder -extrakt) und genügend Wasser dazugeben, damit ein glatter Teig entsteht.

Den Teig auf einer leicht bemehlten Arbeitsfläche ausrollen und die Springoder Auflaufform etwa mit der Hälfte des Teigs auslegen. 30 Min. in den Kühlschrank stellen. Den restlichen Teig ausrollen und Figuren ausstechen (z. B. Sternchen, Bäumchen o. Ä.) und ebenfalls kühl stellen.

Die Äpfel schälen, entkernen und in dicke Spalten schneiden. Die Hälfte der Äpfel mit Butter und Zimt in einem Topf bei schwacher Hitze weich kochen, dabei gelegentlich umrühren. Die restlichen Apfelspalten zugeben, die Mischung leicht abkühlen lassen, dann die Schokoladenraspeln einrühren.

Den Backofen auf 180 Grad vorheizen. Den gekühlten Teigboden mit einer Gabel einstechen, dann die Apfelmischung darübergeben. Obendrauf die Teigverzierungen arrangieren, mit etwas geschlagenem Eiweiß bestreichen und mit Zucker bestreuen.

Im Backofen ca. 35 Min. knusprig backen. Warm oder kalt mit Vanilleeis oder Schlagsahne servieren.

### Heißes Schoko-Soufflé

*Für 1 Soufflé-Form mit 850 ml Inhalt*

Fett und Zucker für die Form
100 g Zartbitterschokolade
4 große Eier
300 ml Milch
30 g Butter
1 EL Speisestärke
60 g Basismischung Kakao
100 g geraspelte Zartbitterschokolade

2–3 Tropfen Vanillearoma
(oder 6–10 Tropfen Basismischung
Vanilleextrakt)
Puderzucker zum Bestäuben

*Für die Schokocreme:*
2 EL Speisestärke
1 EL Zucker
450 ml Milch
50 g Zartbitterschokolade

Den Backofen auf 180 Grad vorheizen. Die Soufflé-Form einfetten und mit Zucker ausstreuen.

Die Schokolade in Stücke brechen. Eier trennen. Milch und Butter in einem Topf zum Köcheln bringen. Eigelbe, Speisestärke und Basismischung miteinander verrühren und etwas heiße Milch dazugießen. Das Ganze kräftig schlagen, dann zurück in den Topf mit der restlichen Milch gießen und unter Rühren eindicken lassen. Die Schokolade zufügen und in der Milch schmelzen. Vom Herd nehmen und das Vanillearoma (oder -extrakt) unterrühren. Die Eiweiße zu Schnee schlagen. Die Hälfte des Eischnees unter die Schokomischung heben. Die andere Hälfte mit den Schokoraspeln vermischen und ebenfalls dazugeben. Die Masse in die Soufflé-Form füllen und im Backofen bei 40–50 Min. backen, bis das Soufflé aufgegangen ist. Dann vorsichtig herausnehmen.

Unterdessen für die Creme Speisestärke und Zucker in eine kleine Schüssel geben und mit etwas Milch zu einer glatten Paste verrühren. Die restliche Milch zum Köcheln bringen. Etwas heiße Milch mit der Paste verrühren und dann zurück in den Milchtopf geben. Unter Rühren köcheln lassen, bis die Mischung eingedickt ist. Schokolade in Stücke brechen und unter Rühren in der Milch schmelzen.

Das warme Soufflé mit Puderzucker bestäuben und sofort servieren. Die Schokocreme dazu reichen.

*Tipp:* Besonders Kinder lieben es, wenn es zum Soufflé noch Birnen-, Apfel-, Kirsch- oder Pfirsichkompott – oder eine Mischung aus allen – dazugibt. Sie »stippen« oder »tunken« mit viel Vergnügen ihre Portionen in den Saft, der manchmal gar nicht reichen will.

### Helgas Faule-Weiber-Kuchen

*Für 1 Spring- oder Auflaufform*
*mit 20 cm Durchmesser*

1 kg Quark
1 Becher (200 g) Sahne
160 g Basismischung Kakao

4 Eier
1 Msp. Weinstein-Backpulver
1 Pck. Vanille-Puddingpulver
1 Pck. Schoko-Puddingpulver
Fett und Mehl für die Form

Den Backofen auf 160 Grad vorheizen. Jeweils die Hälfte des Quarks, der Sahne, der Basismischung, der Eier und des Backpulvers miteinander verrühren. Dann zu der einen Quarkmischung das Vanille-Puddingpulver, zur anderen das Schoko-Puddingpulver geben und gut untermischen.

Eine Spring- oder Auflaufform fetten und mit Mehl ausstäuben. Dann die beiden Quarkmassen übereinander in die Form geben und im Backofen 1 Std. backen. Den Kuchen im Ofen bei nur leicht geöffneter Tür (Holzlöffel zwischen Ofentür wegen Soufflé-Effekt) auskühlen lassen.

*Tipp:* Der Kuchen schmeckt lauwarm vorzüglich!

*Schokoladenbrunnen*

Für echte Schokofans ist ein Schokoladenbrunnen vielleicht eine lohnenswerte Anschaffung. In die flüssige Schokolade, die beim Brunnen über eine Etagere fließt, lässt sich alles eintauchen, was das Genießerherz mit dem »braunen Gold« überziehen möchte: allem voran Früchte und Gebäck, aber auch Käse oder sogar kleine vorgebratene Fleischstückchen. Der Handel bietet dazu nicht nur relativ preiswerte Geräte mit den dazugehörigen Rezeptbüchlein an, sondern auch spezielle Schokolade, die über sehr gute Fließeigenschaften verfügt.

## Kalte Desserts

Cremig, großzügig und einfach köstlich – das gilt natürlich auch für die im Folgenden vorgestellten kalten Desserts. Besonders erfreulich und praktisch an ihnen ist, dass man sie alle gut im Voraus zubereiten kann. Das ist ideal vor Kindergeburtstagen, Familienfesten aller Art oder wenn Gäste sich angesagt haben.

Ich beginne auch dieses Kapitel mit einem Basisrezept, einer Schokoladensoße »für alle Gelegenheiten«.

### Dunkle Schokosoße – Grundrezept

*Für ca. 150 ml Soße*

100 g Basismischung Kakao
4 EL Wasser

175–180 g Zartbitterschokolade
25 g Butter
2 EL Orangensaft

Basismischung und Wasser in einen kleinen Topf geben und bei schwacher Hitze rühren, bis sich die Mischung aufgelöst hat. Dann stückchenweise die Schokolade unterrühren. Jedes Stück schmelzen lassen, bevor das nächste zugegeben wird. Die Butter ebenfalls portionsweise unterrühren. Wichtig: Die Soße nicht kochen lassen!

Zum Schluss den Orangensaft unterrühren und den Topf vom Herd nehmen. Sofort servieren oder bis zum Servieren warm stellen. Sie können die Soße aber auch abkühlen lassen, in einen Gefrierbehälter geben und bis zu 3 Monate einfrieren. Vor dem Servieren bei Zimmertemperatur auftauen lassen (evtl. über Nacht) und dann vorsichtig erwärmen.

### Alkoholfreies Tiramisu

*Für 4–6 Personen*
Ruhezeit: 3 Std.

150 g Basismischung Kakao
2 Eigelb
500 g Mascarpone

13  *Inzwischen ein Dessert-Klassiker hierzulande:
das aus Italien »zugewanderte« Tiramisu.*

200 g Schlagsahne
200 ml Milch
2 EL reines Kakaopulver

(z. B. Van Houten)
2–3 Tropfen Bittermandelöl
ca. 30 Löffelbiskuits

In einer Schüssel die Basismischung und die Eigelbe so lange verrühren, bis der Zucker sich aufgelöst hat. Dann den Mascarpone unterrühren. Anschließend die Sahne steif schlagen und ebenfalls unterheben.

In einem tiefen Teller Milch, Kakaopulver und Bittermandelöl verrühren. In diese Mischung die Löffelbiskuits legen und darin etwas ziehen lassen.

Den Ring einer Kuchenspringform auf eine Glasplatte stellen und den Boden der Glasplatte mit etwa 15 Biskuits belegen. Darauf die Hälfte der Mascarpone-Creme streichen. Darüber eine zweite Schicht Biskuits geben und die restliche Creme darauf verteilen. Das Tiramisu etwa 3 Std. ziehen lassen. Vor dem Servieren mit Kakaopulver oder Basismischung Kakao bestäuben.

### Kokos-Käse-Bananen-Torte

*Für 1 Springform von 20 cm Durchmesser*

225 g Schokokekse
50 g Butter
350 g Frischkäse
75 g Basismischung Kakao
50 g Kokosraspel (frisch oder getrocknet)
2 EL Kokoslikör

2 reife Bananen
125 g Zartbitterschokolade
1 Pck. (Bio-)Gelatine
3 EL Wasser
150 g Schlagsahne

*Für die Dekoration:*
1 Banane
1 EL Zitronensaft
etwas geschmolzene Schokolade

Die Kekse in einem Gefrierbeutel mit einem Nudelholz zerbröseln. In eine Schüssel geben, die Butter zerlassen und gut mit den Bröseln vermengen. Den Boden einer Springform mit der Mischung belegen und gut andrücken. Frischkäse und Basismischung miteinander glatt rühren, dann Kokosraspel und -likör unterrühren. Die Bananen zerdrücken und zugeben. Die Schokolade schmelzen und ebenfalls sorgfältig einrühren.

Die Gelatine in das Wasser einstreuen und quellen lassen. Im Wasserbad auflösen und unter die Frischkäse-Schokolade-Mischung rühren. Die Sahne steif schlagen und unterheben. Die Creme auf den Keksboden geben, glatt streichen und in den Kühlschrank stellen, bis sie fest geworden ist.

Zum Servieren auf eine Kuchenplatte heben. Die Banane in Scheiben schneiden, in Zitronensaft wenden und den Kuchen mit den Scheiben garnieren. Mit etwas geschmolzener Schokolade beträufeln und fest werden lassen.

*Tipp:* Zum Öffnen der Kokosnuss zwei der »Augen« aufstechen und das Kokoswasser ablaufen lassen. Dann in der Mitte mit einem Hammer aufschlagen und öffnen. Das feste Fleisch in Stücke schneiden oder klein hacken.

### Kalter Hund

*Für 1 Kastenform mit 25 cm Länge*
Kühlzeit: 3 Std.

100 g Kokosfett
1 Ei
2 EL warme Milch
5 EL Basismischung Kakao

1 Pck. Vanillezucker
2 EL Kakaopulver
2–3 gemahlene Mandeln
125 g Butterkekse
Puderzucker zum Bestäuben
evtl. Schokospäne zum Bestreuen

Das Kokosfett bei schwacher Hitze in einem Topf zerlassen, dabei nicht zu heiß werden lassen.

Das Ei trennen, das Eiweiß in einem hohen Rührbecher sehr steif schlagen. Das Eigelb mit Milch, Basismischung, Vanillezucker, Kakaopulver und Mandeln in einer Schüssel gut verrühren. Das lauwarme Kokosfett zugeben und alles zu einer dicklichen Creme verrühren. Zuletzt den Eischnee unterheben. Etwas Kakaocreme abnehmen und beiseitestellen.

Die Kastenform mit Frischhaltefolie auskleiden. Den Boden dünn mit Kakaocreme bedecken und glatt streichen. Eine Lage Butterkekse darauflegen. Abwechselnd Butterkekse und Kakaocreme in die Form füllen, bis alle Zutaten aufgebraucht sind. Die letzte Schicht sollte Creme sein.

Den Kuchen im Kühlschrank etwa 3 Std. fest werden lassen. Herausnehmen, vorsichtig aus der Form lösen und die Folie entfernen. Die restliche Kakaocreme in einen Spritzbeutel mit großer Sterntülle füllen und den Kalten Hund damit garnieren. Dünn mit Puderzucker bestäuben und nach Belieben mit Schokospänen bestreuen.

*Tipp:* Dieser Kuchen hält sich – luftdicht in Folie verpackt – im Kühlschrank 4–5 Tage.


### Einfacher Kakao-Kuchen

*Für 1 Spring- oder Kastenform*

250 g Butter
400 g Basismischung Kakao
1 Pck. Vanillezucker (oder 20 Tropfen Basismischung Vanilleextrakt)

3 EL Kakaopulver
1 Tasse heißes Wasser
3 Eier
2 Tassen Mehl
1 Pck. Backpulver

Butter in einem Topf auf kleiner Flamme schmelzen lassen. Basismischung, Vanillezucker (oder -extrakt), Kakaopulver und heißes Wasser miteinander verrühren, eine halbe Tasse von der Masse abnehmen und beiseitestellen (wird später als Guss verwendet).

Den Backofen auf 175 Grad vorheizen. Die Eier mit einem Mixer in einer separaten Schüssel verrühren, zu der etwas abgekühlten Butter geben und untermischen. Anschließend Mehl und Backpulver darunterrühren und den Teig in eine Spring- oder Kastenform geben. Etwa 35 Min. im Ofen backen. 10 Min. abkühlen lassen, dann die halbe Tasse Butter-Kakao-Masse darauf verteilen. Vollständig abkühlen lassen.

*Tipp:* Der Kuchen hält sich einige Tage. Eine besondere Note erhält er, wenn Sie Ihr Kuchenstück mit 1–2 Esslöffeln Kaffee übergießen.

### Rum-Schoko-Topf

| | |
|---|---|
| *Für 6 Personen* | 4–5 EL brauner Rum |
| Kühlzeit: mind. 2 Std. | 4 EL Crème double |
| | |
| 225 g Zartbitterschokolade | *Für die Dekoration:* |
| 4 Eier | Schlagsahne |
| 75–90 g Basismischung Kakao | dunkle Schokoladensoße |
| | (s. Rezept auf Seite 120) |

Die Schokolade schmelzen und leicht abkühlen lassen. Die Eier trennen. Eigelbe mit der Basismischung zu einer schaumigen Masse schlagen (dauert ca. 5 Min. mit einem elektrischen Handrührgerät). Anschließend Schokolade, Rum und Crème double sorgfältig unter die Mischung heben.

Die Eiweiße steif schlagen, bis der Eischnee steife Spitzen bildet. In 2 Portionen vorsichtig unter die Schokoladenmischung heben.

Die Creme auf 6 Dessertschälchen verteilen und mindestens 2 Std. in den Kühlschrank stellen. Vor dem Servieren nach Belieben mit Schlagsahne und Schokoladensoße verzieren.

### Sturmsäcke mit weißer Schokosahne

*Für etwa 20 Stück*          25 g Kakaopulver
Kühlzeit 30–40 Min.          5 Eier

*Für den Brandteig:*          *Für die Füllung:*
250 ml Wasser                 100 g weiße Schokolade
125 g Butter                  200 g Schlagsahne
1 Msp. Salz                   etwas Orangenlikör zum
2 TL Zucker                   Abschmecken
180 g Mehl                    Puderzucker zum Bestäuben

Den Backofen auf 180 Grad vorheizen (Umluft: nicht geeignet). Für den Brandteig in einem Topf Wasser, Butter, Salz und Zucker aufkochen. Mehl und Kakaopulver mischen und dazugeben. Bei kleiner Hitze rühren, bis sich am Topfboden ein dünner Belag bildet und der Teig sich als Kloß vom Topfrand löst (dieses »Abbrennen« dauert etwa 10 Min. ).

Den heißen Teigkloß in einer Schüssel etwas abkühlen lassen, dann mit einem Handrührgerät nach und nach die Eier unterarbeiten. Den Teig in einen Spritzbeutel mit Loch- oder Sterntülle füllen. Auf ein mit Backpapier belegtes Blech mit ausreichend Abstand zueinander ca. 3 cm große Tupfen spritzen.

Die Windbeutel im Ofen 20 Min. backen (in dieser Zeit die Ofentür nicht öffnen, die Sturmsäcke/Windbeutel fallen sonst zusammen). Nun die Ofentemperatur auf 160 Grad reduzieren und die Sturmsäcke in ca. 10 Min. fertigbacken. Herausnehmen und auf einem Kuchengitter abkühlen lassen. Zum Füllen mit einem scharfen Messer oder einer Schere waagerecht aufschneiden.

Für die Füllung die Schokolade klein hacken und in einer Metallschüssel über einem warmen Wasserbad unter Rühren schmelzen. Sahne steif schlagen. Die abgekühlte, aber noch flüssige Schokolade zügig unter die Sahne rühren und mit Orangenlikör abschmecken.

Die Schokosahne in einen Spritzbeutel mit großer Lochtülle füllen und jeweils etwas davon auf die Böden der Sturmsäcke spritzen. Die Deckel aufsetzen und die fertigen Sturmsäcke mit Puderzucker bestäuben. Vor dem Servieren noch 30–40 Min. in den Kühlschrank stellen.

### Schneller Schokonachtisch

Kühlzeit 2 Std.

175 g Zartbitterschokolade
3 Eigelb

125 ml Wasser
4 EL Basismischung Kakao

300 g Crème double
Sesamkekse zum Servieren

Das Wasser mit der Basismischung in einen Topf geben und bei schwacher Hitze rühren, bis sie vollständig aufgelöst ist. Anschließend zum Kochen bringen und 3 Min. kochen lassen, ohne umzurühren. Den Sirup vom Herd nehmen und etwas abkühlen lassen.

Die Schokolade hacken, in eine Küchenmaschine geben und den lauwarmen Sirup zugießen. Verrühren, bis die Schokolade geschmolzen ist, dann die Eigelbe hinzufügen und alles zu einer glatten Masse verarbeiten. Zuletzt die Crème double unterrühren.

Die Creme in 4 Gläser oder Schälchen füllen, mit Frischhaltefolie abdecken und 2 Std. im Kühlschrank fest werden lassen. Mit den Sesamkeksen servieren.

### Tarte Française mit Mousse au Chocolat

*Für 1 Tarteform mit 22 cm Durchmesser*
*Kühlzeit: 12 Std. (am besten über Nacht)*

Fett für die Form
Mehl für die Arbeitsfläche
Hülsenfrüchte zum Blindbacken

*Für den Mürbeteig:*
280 g Mehl
200 g kalte Butter
60 g Kakaopulver
120 g Puderzucker
1 Eigelb
Salz

*Für die Mousse:*
300 g Zartbitterkuvertüre
600 g Sahne
4 Eigelb

*Außerdem:*
3 EL Kakaopulver
Schlagsahne nach Belieben

Am Vortag für den Mürbeteig Mehl, Butter in kleinen Stücken, Kakaopulver, Puderzucker, das Eigelb und 1 Prise Salz mit den Händen rasch zu einem Teig verkneten. Den Teig zu einer Kugel formen, in Frischhaltefolie wickeln und mindestens 1 Std. im Kühlschrank ruhen lassen.

Den Backofen auf 180 Grad vorheizen. Die Tarteform einfetten. Den Teig auf einer bemehlten Arbeitsfläche in der Größe der Tarteform ausrollen und die Form damit auskleiden. Überstehende Ränder abschneiden und den Teig mit einer Gabel mehrmals einstechen.

Aus Backpapier einen Kreis in der Größe der Form ausschneiden, auf den Teig legen und mit getrockneten Hülsenfrüchten bedecken. Im Ofen auf der mittleren Schiene etwa 20 Min. blindbacken. Anschließend die Hülsenfrüchte und das Backpapier entfernen und den Teigboden in der Form vollständig erkalten lassen.

Für die Mousse die Kuvertüre fein hacken. In einem Topf 150 g Sahne aufkochen und die Kuvertüre darin unter Rühren schmelzen lassen. Die Schokoladensahne abkühlen lassen, inzwischen die restliche Sahne in einem hohen Rührbecher steif schlagen.

Die Eigelbe in einer Schüssel schaumig schlagen. Zuerst die Schokoladensahne unterrühren, dann die geschlagene Sahne vorsichtig unterheben.

Die Schokoladenmousse auf dem Tortenboden verteilen, glatt streichen und im Kühlschrank am besten über Nacht fest werden lassen. Zum Servieren die gut gekühlte Tarte durch ein feines Sieb mit Kakaopulver bestäuben und nach Belieben halbsteif geschlagene Sahne dazu reichen.

## Müsli-Käsekuchen

*Für 1 Auflaufform mit*
*20 cm Durchmesser*
Kühlzeit: 1–2 Std.

*Für den Boden:*
230 g knuspriges Müsli
50 g geröstete und gehackte Haselnüsse
50 g Butter
30 g Zartbitterschokolade

*Für die Füllung:*
350 g Frischkäse
100 g Basismischung Kakao
200 g Naturjoghurt
300 g Schlagsahne,
3 EL Wasser

1 Pck. (Bio-)Gelatine
180 g geschmolzene Zartbitterschokolade
170 g geschmolzene weiße
Schokolade

Das Müsli in einen Gefrierbeutel geben und mit einem Nudelholz zerdrücken. Mit den gerösteten Haselnüssen in einer Schüssel vermengen.

Die Butter mit der Zartbitterschokolade in einem Wasserbad schmelzen, anschließend die Müsli-Nuss-Mischung zugeben und alles gut verrühren.

Eine Auflaufform mit der Mischung auskleiden, diese dabei (z. B. mit dem
Boden eines Trinkglases) kräftig andrücken.

Den Frischkäse und die Basismischung mit einem Holzlöffel glatt rühren,
dann den Joghurt zugeben. Die Sahne steif schlagen und unter die Käsemischung heben. Das Wasser in eine ofenfeste Schüssel geben, die Gelatine
einstreuen und quellen lassen, dann im Wasserbad auflösen und ebenfalls
unter die Käsemischung heben.

Die beiden Schokoladensorten getrennt voneinander jeweils im Wasserbad
schmelzen. Die Müsli-Frischkäse-Masse halbieren und jede Hälfte mit einer
der beiden Schokoladensorten (weiß und dunkelbraun) verrühren.

Abwechselnd beide Schoko-Käse-Mischungen auf den Kuchenboden löffeln, dann mit einem Messer oder einer Gabel verrühren, um einen Marmor-
effekt zu erzielen. Die Oberfläche mit einem Kuchenspatel glatt streichen. Im
Kühlschrank fest werden lassen (ca. 1–2 Std.).

### Mildas Schoko-Erdbeer-Torte

*Für 1 Springform mit*
*26 cm Durchmesser*
Kühlzeit: 1 Std.

1 kg Erdbeeren
100 g Zartbitterschokolade
5 Eier
80 g Butter
80 g + 1 EL Zucker
1 Prise Salz
200 g Mehl

2 TL Backpulver
1½ EL Kakaopulver
3 Blatt (Bio-)Gelatine
3 EL Wasser
250 g Sahnequark
3 Pck. Vanillezucker
650 g Schlagsahne
Fett für die Form
Schokolocken oder -raspel
zum Verzieren

Die Erdbeeren verlesen, vorsichtig waschen und trocken tupfen. Einige Beeren im Mixer pürieren, den Rest beiseitestellen. Die Schokolade reiben. Die Eier trennen und die Eiweiße zu steifem Schnee schlagen.

Den Backofen auf 175 Grad vorheizen. Butter, 80 g Zucker und Salz miteinander cremig rühren, dann die Eigelbe einzeln unterschlagen. Anschließend geriebene Schokolade, Mehl, Backpulver und Kakaopulver untermischen. Zuletzt den Eischnee unterheben.

Die Form fetten, den Teig hineinfüllen und glatt streichen. Im heißen Ofen ca. 30 Min. backen. Auskühlen lassen.

Inzwischen die Gelatine im Wasser einweichen. Den abgekühlten Teigboden waagerecht halbieren. Um den unteren Boden einen Tortenring stellen. Einige Erdbeeren halbieren und mit der Schnittfläche zum Tortenring auf den Boden stellen. Den Rest der ganzen Erdbeeren auf dem Boden verlegen.

Quark, 1 Esslöffel Zucker und Vanillezucker verrühren. 400 g Sahne steif schlagen. Die ausgedrückte Gelatine auflösen, mit etwas Quarkcreme verrühren, dann mit der restlichen Creme mischen. Die Sahne unterheben und die Masse auf den Erdbeeren verteilen. Den zweiten Boden daraufsetzen. Ca. 1 Std. kalt stellen.

Restliche Sahne steif schlagen, die Torte damit locker bestreichen. Mit Erdbeervierteln, Erdbeerpüree und Schokolocken oder -raspeln verzieren.

### Schoko-Obst-Törtchen

| | |
|---|---|
| *Für 6 Personen* | 50–60 g Zartbitterschokolade |
| 250 g Mehl | 60 g gemischte gehackte Nüsse |
| 3–4 EL Kakaopulver | 350 g küchenfertiges Obst |
| 150 g Butter | 3 EL Johannisbeergelee |
| 40 g Zucker | 1 EL Wasser |
| 2–3 EL Wasser | Mehl für die Arbeitsfläche |

Mehl und Kakaopulver in eine Schüssel sieben, die Butter in Flöckchen zugeben und mit der Hand verkneten, bis die Mischung krümelig ist. Dann Zucker und Wasser zugeben und so lange kneten, bis ein weicher Teig entsteht. Für 15 Min. abgedeckt in den Kühlschrank stellen.

Den Backofen auf 190 Grad vorheizen. Den Teig auf einer leicht bemehlten Arbeitsfläche ausrollen und 6 kleine Tortenförmchen damit auslegen. Die Teigböden mit einer Gabel mehrmals einstechen und mit leicht zerknüllter Backfolie (keine Alufolie!) abdecken. Im Backofen 10 Min. blindbacken. Dann die Folie entfernen und weitere 5–10 Min. backen. Die Böden in den Förmchen vollständig abkühlen lassen.

Die Schokolade im Wasserbad schmelzen und die gehackten Nüsse auf einen Teller geben. Die Törtchen aus den Formen nehmen, die Ränder mit Schokolade einpinseln und anschließend in die Nüsse tauchen.

Die Törtchen mit dem Obst belegen. Das Johannisbeergelee in einem Topf mit dem Wasser zerlassen und das Obst damit einpinseln.

Bis zum Servieren in den Kühlschrank stellen.

*Tipp:* Als Variation können Sie die Törtchen vor dem Belegen auch mit etwas gesüßter Schlagsahne füllen oder – wenn Sie es noch deftiger schokoladig mögen – mischen Sie 225 g Nuss-Nugat-Creme mit 5 Esslöffeln Sahnejoghurt oder Schlagsahne.

An Obst eignen sich besonders Kiwis, Kirschen, Erdbeeren, Nektarinen und weiche Birnen.

### Schokoring mit Eisfüllung

*Für 1 Kranzform mit*
*23 cm Durchmesser*
Kühlzeit: mind. 2 Std.

Fett für die Form
4 Eier
175 g Basismischung Kakao

100 g Mehl
1 TL Backpulver
50 g Kakaopulver
500 ml Schokoladen-Pfefferminzeis
dunkle Schokoladensoße
(Rezept s. Seite 120)

Den Backofen auf 180 Grad vorheizen. Eine Kranzform leicht einfetten. Eier und Basismischung in eine Schüssel geben und mit einem Handrührgerät verquirlen, bis die Mischung steife Spitzen bildet. Alternativ mit einem Schneebesen im Wasserbad schlagen.

Mehl, Backpulver und Kakaopulver in die Eimasse sieben und gut unterrühren. Die Masse in die Backform füllen und im Backofen 30 Min. backen, bis der Kuchen beim Andrücken leicht nachgibt. Noch 5 Min. in der Form ruhen lassen, dann auf ein Kuchengitter heben und vollständig auskühlen lassen.

Die Backform reinigen und mit Frischhaltefolie auslegen. Einen etwa 1 cm dicken Deckel von dem Kuchen abschneiden. Den Kuchen wieder in die Backform legen. Mit einem Löffel aushöhlen, dabei einen etwa 1 cm breiten äußeren Rand stehen lassen.

Das Eis aus dem Tiefkühlfach nehmen und einige Minuten bei Zimmertemperatur stehen lassen. Mit einem Löffel das leicht angetaute (nicht flüssige!) Eis in den ausgehöhlten Kuchen füllen. Zum Schluss den »Deckel« wieder auflegen. Den Kuchen mit Frischhaltefolie abdecken und mindestens 2 Std. ins Tiefkühlfach stellen.

Zum Servieren den Kuchen auf eine Kuchenplatte stürzen und mit etwas Schokoladensoße in einem dekorativen Muster reichlich verzieren. In Scheiben schneiden und auf Desserttellern anrichten. Die restliche Schokosoße separat dazu reichen.

### Eis-Parfait mit Haselnüssen

*Für 8 kleine Förmchen oder Tassen*
Kühlzeit: mind. 4 Std.

160 ml Kaffee
125 ml Amaretto
150 g Basismischung Kakao
4 getrocknete Feigen

5 Eier
1 Vanilleschote
375 ml Milch
220 g Zartbitterschokolade
125 g Schlagsahne
100 g geröstete Haselnusskerne
evtl. Kakaopulver zum Bestäuben

Förmchen (oder Tassen) kalt ausspülen. Am inneren oberen Rand je einen Streifen Backpapier anbringen, sodass mindestens 2 cm Papier über den Rand hinausragen. Das Papier evtl. mit (Büro-)Klammern fixieren, dabei darauf achten, dass es sich nach dem Gefrieren leicht abziehen lässt.

Kaffee mit Likör und 100 g Basismischung Kakao aufkochen. Die Feigen halbieren, in der Kaffeemischung ca. 5 Min. weich kochen, dann herausheben und grob hacken. Den entstandenen Sirup abkühlen lassen und evtl. später zum Beträufeln des Parfaits verwenden.

Die Eier und die übrige Basismischung miteinander cremig schlagen. Die Vanilleschote aufschneiden und das Mark herausschaben. Schote und Mark mit der Milch kurz aufkochen, dann unter den Eischaum rühren (die Vanilleschote vorher entfernen).

Die Schüssel mit dem Eischaum in ein heißes Wasserbad setzen und die Masse ca. 5 Min. schlagen, bis sie dicklich wird. Dann in eine Schüssel mit Eiswasser setzen und unter weiterem Schlagen abkühlen lassen.

Die Schokolade hacken und über dem heißem Wasserbad schmelzen, etwas abkühlen lassen, dann ebenfalls unter die Eiercreme rühren. Die Sahne steif schlagen und unterheben. Zum Schluss Feigen und Nüsse (evtl. grob gehackt) untermischen.

Die Parfaitmasse in die vorbereiteten Förmchen füllen, mindestens 4 Std. (am besten über Nacht) tiefkühlen.

Vor dem Servieren das Backpapier vom Rand abziehen (die Parfaits sollen aussehen wie frisch aufgegangene Soufflés) und die Parfaits nach Belieben mit Kakaopulver bestäuben, mit Zuckerorangen oder frischen Himbeeren garnieren. Evtl. je eine Schokoladenstange dazu servieren.

*Tipp:* Servieren Sie die Parfaits mit gezuckertes Orangenscheiben. Dazu 2 unbehandelte Orangen heiß waschen, trocken tupfen und in dünne Spalten oder Scheiben schneiden. In ca. 200 g Zucker wälzen, dann bei 50 Grad im Backofen ca. 60 Min. trocknen. Statt mit Zucker-Orangen können Sie die Parfaits aber auch mit frischen Feigen garnieren.

### Maranta-Pernod-Creme

Kühlzeit: 2 Std.

55 g Zartbitterschokolade
1 EL Pfeilwurzmehl
250 ml Milch

300 g Crème double
2 EL Zucker
3 EL Pernod
Katzenzungen oder Waffelröllchen
zum Servieren

Die Schokolade in Stücke brechen und im Wasserbad unter Rühren schmelzen. Vom Herd nehmen und etwas abkühlen lassen. Das Pfeilwurzmehl mit 2 Esslöffeln Milch verrühren.

Restliche Milch und Crème double in einen Topf geben und unter gelegentlichem Rühren bis knapp unter den Siedepunkt erwärmen. Vom Herd nehmen und beiseitestellen.

Den Zucker mit dem angerührten Pfeilwurzmehl unter die geschmolzene Schokolade rühren. Nach und nach die heiße Milchcreme und zum Schluss den Pernod unterrühren. Dann das Ganze im Wasserbad bei schwacher Hitze unter ständigem Rühren 10 Min. erwärmen, bis die Creme dickflüssig und glatt ist. Vom Herd nehmen und abkühlen lassen.

Die Schokoladen-Pernod-Creme in 4 Gläser füllen, mit Frischhaltefolie abdecken und 2 Std. in den Kühlschrank stellen. Mit Katzenzungen oder Waffelröllchen servieren.

*Hinweis:* Pfeilwurzmehl (Maranta) wird häufig für delikate Soßen, Puddings und Glasuren verwendet, die nicht kochen dürfen. Es sollte vor der Zugabe zu heißen Soßen usw. in kalter Flüssigkeit angerührt werden. Im Gegensatz zu anderen Stärkeprodukten werden die angedickten Soßen nicht trüb bis milchig, sondern erhalten ihre ursprüngliche Klarheit. Dieses Mehl ist absolut geruchs- und geschmacksneutral. Es dickt etwa doppelt so stark wie Weizenmehl ein. Daher ist es auch bei Weizen-Allergie eine gute Alternative.

## Schoko-Orangen-Cupcakes mit Schuss

*Für ein 12er-Muffinblech*

250 g Mehl
3 TL Backpulver
½ TL Salz
125 g Basismischung Kakao
abgeriebene Schale von
1 großen unbehandelten Orange

1 großes Ei
225 ml Baileys Irish Cream
90 ml Pflanzenöl

*Für die Dekoration:*
300 g Zartbitterschokolade
200 ml Baileys Irish Cream

Den Backofen auf 190 Grad vorheizen und ein 12er-Muffinblech mit Papierförmchen auslegen.
Mehl mit Backpulver, Salz, Basismischung und Orangenschale mischen.
In einer weiteren Schüssel Ei, Baileys und Öl vermischen und über die Mehlmischung geben. Den Teig nur so lange rühren, bis sich alles gut miteinander verbunden hat, dann in die Muffinformen füllen. Die Muffins im Ofen 20–30 Min. backen, bis sie schön goldbraun und aufgegangen sind. Auf einem Kuchengitter auskühlen lassen.

Für die Dekoration die Zartbitterschokolade im Wasserbad schmelzen. Vom Herd nehmen, zügig den Baileys einrühren und so lange schlagen, bis die Masse dicklich wird und leicht abgekühlt ist. Die Creme (nach Belieben mit einem Spritzbeutel) auf den Muffins verteilen und warm oder kalt genießen.

## Extra: Die Kunst der Schokoladen-Deko

Auch ungeübte Hobbyköche brauchen natürlich nicht auf das Vergnügen zu verzichten, einen Nachtisch, eine süße Speise oder einen Kuchen mit Schokolade zu verzieren. Es gibt viele Möglichkeiten, auch mit einfacheren Handgriffen und ohne große Erfahrung attraktive oder originelle Schoko-Dekorationen auf Torten, Desserts oder andere Köstlichkeiten zu zaubern.
Hier ein paar Basis-Rezepte:

### Schoko-Früchte
Sie gelingen sowohl mit verschiedenen frischen als auch mit getrockneten – und z. B. kandierten – Früchten. Die Schokolade sollte zur Fruchtsorte passen, am besten kombiniert man nach eigenem Geschmack:
Früchte nach Wahl vorbereiten, nur einwandfreie Exemplare verwenden. Sie sollten möglichst trocken sein, also nach dem Waschen immer vorsichtig trocken tupfen oder auf Küchenpapier trocknen lassen. 200 g Bitterschokolade schmelzen und die Früchte zu maximal drei Vierteln in die Schokolade tauchen. Dabei entweder am Stielende fassen oder auch zwei Kuchengabeln zu Hilfe nehmen. Die Schokolade währenddessen ausreichend warm halten (40 Grad). Schoko-Früchte auf ein Pralinengitter oder ein Backpapier setzen und trocknen lassen.

*14  Schoko-Früchte eignen sich als Deko für Kuchen und Desserts, schmecken aber auch »pur«.*

## Schoko-Röllchen

Sie gelingen am einfachsten mit heller Kuvertüre, die besonders geschmeidig ist. Je dunkler die Schokolade, desto leichter brechen die fertigen Röllchen.

100 g geschmolzene Vollmilchkuvertüre portionsweise auf ein umgedrehtes kühles Backblech (oder eine Marmorplatte) gießen und dünn ausstreichen. Wenn die Schokolade fest zu werden beginnt, mit einem Spachtel zu kleinen Röllchen drehen.

## Schokoladenblätter

Diese besondere Dekoration für festliche Anlässe lässt sich mit interessant geformten Blättern z. B. aus dem eigenen Garten gut selbst herstellen. Die Blätter sollten frisch und kräftig sein. Deutlich ausgeprägte Blattadern lassen die Schokoladenblätter besonders gut wirken. Und so geht's:

Pflücken Sie einige Blätter Ihrer Wahl, am besten mit Stiel. Die Blätter vorsichtig in kaltem Wasser waschen, mit Küchenpapier abtupfen bzw. gut trocknen lassen. Zum Überziehen bieten sich zwei Möglichkeiten an: Entweder die Blätter am Stiel fassen und eine Seite durch flüssige Kuvertüre ziehen; anschließend mit der Schokoladenseite nach oben auf Backpapier trocknen lassen. Oder die Blattoberseite dünn mit flüssiger Kuvertüre bepinseln. Erst wenn die Kuvertüre völlig erstarrt ist, zieht man die Blätter von der Schokolade ab und wirft sie weg – evtl. hilft ein flaches Messer beim Abheben. Schokoladenblätter im Kühlschrank aufbewahren.

## Pralinen & Co.

Wie bei so vielen anderen berühmten Rezepturen streiten sich die europäischen Schokoladengelehrten auch über den Ursprung der Pralinenkunst. Nach der französisch-deutschen Version erblickte die Praline im deutschen Regensburg das Licht der Welt:

Dort residierte Ende des 17. Jahrhunderts der »immerwährende Reichstag«, ein politischer Kongress verschiedener Fürstenvertreter zur Regierung der 350 deutschen Einzelstaaten. Auch Sonnenkönig Ludwig XIV. hatte einen Abgesandten geschickt. Bei ebendiesem wollte der reiche Kaufmann Fugger einen guten Eindruck hinterlassen, indem er dem Gesandten für die Zeit seines Aufenthaltes seinen französischen Koch Clémont Jaluzot überließ. Der wollte dem Gast aus Versailles das mühselige Regierungsgeschäft mit einer besonderen Spezialität versüßen, dem sogenannten »Reichstagskonfekt« – überzuckerte Mandeln und Nüsse. Bei der Zubereitung des Konfekts soll ihm dann aber ein Missgeschick passiert sein: Einige Mandeln und Nüsse fielen versehentlich in heiße Schokolade. Der Koch habe aus der Not eine Tugend gemacht und sie seinem Landsmann als spezielle Kreation offeriert. Ein Name dafür fiel ihm schnell ein – zu Ehren des französischen Herrn »Choiseul du Plessis-Praslin« nannte er sie »Praline«.

### Chilitrüffel mit weißem Schokoladendeckel

*Für ca. 35 Silikon-Pralinenförmchen*
Kühlzeit: über Nacht

2 TL Chiliflocken

je 125 g weiße, Zartbitter-
und Vollmilchkuvertüre
150 g Schlagsahne
50 g weiche Butter

Auf den Boden jeder Silikonform einige Chiliflocken streuen. Den Rest beiseitestellen. Die drei Kuvertüren jeweils fein hacken.

Die weiße Kuvertüre über einem Wasserbad schmelzen und je ca. 1 Teelöffel in jedes Förmchen geben. Zum Festwerden in den Kühlschrank stellen. Die restliche weiße Kuvertüre beiseitestellen.

Die Sahne mit den restlichen Chiliflocken kurz aufkochen lassen, über die gehackte Zartbitter- und Vollmilchkuvertüre gießen, 2 Min. stehen lassen, dann mit einem Kochlöffel gut durchrühren.

In einer Schüssel die Butter schaumig rühren, zur Kuvertürenmischung geben, gut vermischen und evtl. mit Chiliflocken nachwürzen.

Die flüssige dunkle Kuvertürenmasse über die erstarrte weiße Kuvertüre in den Silikonförmchen geben. Zum Festwerden wieder in den Kühlschrank stellen.

Dann obendrauf mit der restlichen weißen Kuvertüre eine abschließende Schicht bilden und die Pralinen möglichst über Nacht im Kühlschrank erkalten lassen.

### Schoko-Macarons
*Für ca. 30 Stück*

2 große Eiweiß
140 g Basismischung Kakao
50 g gemahlene Mandeln
1–1½ TL Kakaopulver

*Für die Crème:*
100 ml Baileys Irish Cream
150 g fertige Zartbitter-Ganache
50 g Butter

Die Eiweiße steif schlagen, dabei langsam die Basismischung einrieseln lassen, bis eine glänzende feste Mischung entsteht. Mandeln und Kakaopulver mischen, über die Eischnee-Masse streuen und – am besten mit einem Spatel – gut unterheben, damit alles schön luftig bleibt.

Den Backofen auf 180 Grad vorheizen. Die Mischung in einen Spritzbeutel mit großer Tülle füllen. Etwa 60 kleine Kleckse (ca. 2,5–3 cm groß) auf ein mit Backpapier ausgelegtes Blech spritzen. Jeden Klecks mit einem kleinen Messer glatt streichen und im Ofen ca. 15 Min. backen. Danach den Ofen ausschalten und die Macarons bei leicht geöffneter Tür darin noch 5 Min. auskühlen lassen. Dann erst herausnehmen und vollständig abkühlen lassen.

Baileys erwärmen (Vorsicht: nicht kochen), die fertige Ganache in die Flüssigkeit reiben und darin unter ständigem Rühren schmelzen lassen. Kleine Butterflöckchen dazugeben und abkühlen lassen, bis sich eine spritzfertige Masse ergibt.

Die Creme noch einmal gut durchrühren und in einen Spritzbeutel mit großer sternförmiger Tülle füllen. Auf die Hälfte der Macarons je einen Klecks Schokomasse geben und mit einem zweiten Macaron wie ein Sandwich bedecken. Abkühlen lassen und genießen.

*Hinweis:* Fertige Schokoladen-Ganache erhalten Sie in der Patisserie-Abteilung gut sortierter Feinkostgeschäfte oder im Internet unter www.theobroma-cacao.de.

*Tipp:* Eine besondere Geschmacksnote erreicht man, indem man die Macarons vor dem Servieren 30 Min. im Kühlfach ruhen lässt.

## Cognac-Herzkirschen

Marinierzeit: 14 Tage

500 g Herzkirschen mit Stiel
ca. 250 ml Cognac
600 g Zartbitterkuvertüre
100 g Kokosraspel

Die Kirschen verlesen, waschen und trocken tupfen, dabei die Stiele nicht entfernen. Die Früchte in eine Schüssel geben und mit dem Cognac übergießen. Zugedeckt 14 Tage in den Kühlschrank stellen. Die Kirschen müssen während dieser Zeit immer mit Cognac bedeckt sein, gegebenenfalls etwas nachgießen.

Die Kirschen aus dem Kühlschrank nehmen, abtropfen lassen und trocken tupfen. Die Kuvertüre grob hacken und in einer Schüssel im heißen Wasserbad unter Rühren schmelzen lassen.

Die marinierten Kirschen am Stiel fassen und in die geschmolzene Kuvertüre tauchen. Auf einem Kuchengitter oder Backpapier etwas fest werden lassen.

Die Kokosraspel auf einen Teller geben, die Kirschen im Schokomantel darin wälzen und trocknen lassen.

Im Kühlschrank aufbewahren und etwa 30 Min. vor dem Servieren herausnehmen.

*Tipp:* Das Rezept funktioniert auch mit weißer Kuvertüre. Und die Kirschen können ebenso gut mit Whiskey, Wodka, Brandy oder Williams-Birnenschnaps mariniert werden.

## Kokos-Crossies

*Für ca. 25 Stück*
Kühlzeit: mind. 1 Std.

200 g Zartbitterkuvertüre
200 g Vollmilchkuvertüre
400 g Kokosspäne
3 EL Pistazienkerne

Beide Kuvertüren grob hacken und getrennt in zwei Schüsseln im heißen Wasserbad unter Rühren schmelzen lassen.

Jeweils eine Hälfte der Kokosspäne unter die geschmolzene Zartbitterkuvertüre rühren, die andere unter die Vollmilchkuvertüre.

Mit 2 Esslöffeln Portionen abstechen, als kleine Häufchen auf ein Stück Backpapier setzen und etwas fest werden lassen.

Die Pistazienkerne im Blitzhacker (oder Mixer) fein zerkleinern und die Kokos-Crossies damit bestreuen. Kühl stellen und vollständig fest werden lassen. Man kann sie dann über längere Zeit, kühl und luftdicht verschlossen, aufbewahren.

*Tipp:* Wer es feurig mag, darf gern je 1 gute Messerspitze Cayennepfeffer in die Mischungen geben. Auch (je 1 cl) Kirschlikör zur Zartbitterkuvertüre bzw. Eierlikör zur Vollmilchkuvertüre passen hervorragend.

## Schoko-Mokka-Trüffel

*Für ca. 35 Stück*
Kühlzeit: 1 Std.

800 g Zartbitterkuvertüre
150 g Sahne
1 EL Instant Kaffeepulver
5 cl Kahlúa (Kaffeelikör)

300 g Kuvertüre fein hacken. Die Sahne mit dem Kaffeepulver aufkochen und die Kuvertüre darin unter Rühren schmelzen. Den Likör dazugeben und die Masse zugedeckt kühl stellen.

Dann die Mokkamasse mit dem Schneebesen kurz durchrühren, in einen Spritzbeutel mit großer Lochtülle füllen und als kleine Kugeln auf Backpapier spritzen. Etwas fest werden lassen und falls nötig mit gut gekühlten Händen rund formen. Mit etwas Geschick schafft man das auch zwischen zwei (kalten) Löffeln. Die Mokkatrüffel etwa 1 Std. kühl stellen.

Restliche Kuvertüre grob hacken und in einer Schüssel im heißen Wasserbad unter Rühren schmelzen lassen, dabei nicht zu heiß werden lassen. Die Trüffel mithilfe einer Pralinengabel (Schneckenzange oder Teelöffel tun es auch) in die flüssige Kuvertüre tauchen und den Überzug auf einem Kuchengitter etwas fest werden lassen.

Bevor die Schokolade ganz fest geworden ist, die Pralinen auf dem Kuchengitter hin und her rollen, sodass Spitzen entstehen. Die fertigen Trüffel kühl und luftdicht verschlossen im Kühlschrank aufbewahren.

*Tipp:* Eine verblüffende Geschmacksnote erzielen Sie, wenn Sie anfangs in die Pralinenmasse 1 Teelöffel alten, dickflüssigen Balsamico di Modena geben.

### Rumkugeln mit Vanille

*Für ca. 60 Stück*
Kühlzeit: mind. 2 Std.

200 g Zartbitterkuvertüre
200 g Vollmilchkuvertüre
200 g weiche Butter
1 Vanilleschote
150 g Sahne
60 g Zucker

5–7 EL Rum
Kakaopulver zum Wälzen

Die Vanilleschote der Länge nach aufschneiden und das Mark herauskratzen. Sahne, Zucker und Vanillemark in einem Topf aufkochen lassen. Beide Kuvertüren fein hacken und in der heißen Sahne unter Rühren schmelzen, dann abkühlen lassen.

Die Butter in einer Schüssel schaumig schlagen und den Rum unterrühren. Nach und nach die Schokoladenmasse unter die Butter rühren, bis eine glatte Masse entstanden ist.

Von der Schokomasse mit einem Teelöffel kleine Portionen abstechen. Die gut gekühlten Hände mit Kakao bestäuben und aus den Portionen Kugeln rollen. Auf Backpapier setzen und zugedeckt im Kühlschrank fest werden lassen.

Die Rumkugeln herausnehmen, in Kakaopulver wälzen und nochmals kühl stellen. Kühl und luftdicht verschlossen lassen sie sich ohne Weiteres bis zu 3 Wochen aufbewahren.

### Kaffee-Kakao-Trüffel

*Für ca. 25 Trüffel*
Kühlzeit: 2½ Std.

500 g Zartbitterschokolade (mind. 70 % Kakaoanteil)

150 g ungesalzene Butter
150 ml Crème double
100 ml Baileys Coffee Flavour
250 g Kakaopulver zum Wälzen

Die Hälfte der Schokolade in Stücke brechen, die Butter in Würfel schneiden. Beides zusammen in einer Schüssel im Wasserbad langsam schmelzen lassen. Nicht umrühren, da es sonst bröckeln könnte.

Sobald Schokolade und Butter vollständig geschmolzen sind, den Topf vom

Herd und die Schüssel vorsichtig aus dem Wasserbad nehmen. Anschließend die Crème double und den Baileys unter die Schokomasse rühren.

Die Trüffelmischung etwa 2 Std. in den Kühlschrank stellen, bis sie fest ist. Dann mit einem Melonenausstecher oder Teelöffel kleine Bällchen in Trüffelgröße abstechen, auf einen Teller legen und noch einmal 30 Min. kalt stellen.

Vor dem Servieren die restliche Zartbitterschokolade im Wasserbad schmelzen. Jeden Trüffel in die Schokolade eintauchen und als Extra-Clou danach noch in Kakaopulver wälzen.

### Marzipan-Nugat-Pralinen

*Für ca. 20 Stück*
Kühlzeit: mind. 4 Std.

400 g Marzipan-Rohmasse
75–80 g gemahlene Pistazien
250 g Nugat
250 g Zartbitterglasur

Die Marzipan-Rohmasse mit den gemahlenen Pistazien verkneten. Daraus eine etwa 2 cm dicke Rolle formen und diese in 1 cm dicke Scheiben schneiden. Die Scheiben auf ein Stück Backpapier legen und in die Mitte jeder Scheibe eine kleine Kuhle drücken.

Den Nugat in halb so viele Portionen teilen, wie man Marzipanscheiben hat, und diese zu kleinen Kügelchen formen.

Jeweils 1 Nugatkügelchen in die Mulde einer Marzipanscheibe legen und mit einer zweiten Marzipanscheibe abdecken. Die Ränder gut andrücken und die Praline zu einer Kugel formen. Mindestens 4 Std. in den Kühlschrank stellen.

*15  Beim Selbermachen von Pralinen sind der Fantasie keine Grenzen gesetzt.*

Dann die Zartbitterglasur erwärmen und die Kugeln darin eintauchen, eventuell sogar mehrmals, sodass man eine dickere Außenschicht erhält. Die Pralinen zwischendurch zum Antrocknen immer wieder auf einem Kuchengitter ablegen. Gekühlt servieren.

### Knoblauch-Frischkäse-Pralinen im Krokantmantel

*Für ca. 20 Stück*

2 große Knoblauchzehen
1 TL Salz
1 getrocknete Chilischote

5 EL gemischte Nüsse
1 EL Zucker
½ EL Kakaopulver
200 g Doppelrahm-Frischkäse

Die Knoblauchzehen zusammen mit dem Salz hacken und zerquetschen. Die Chilischote ohne Fett in einer Pfanne anrösten und zerkrümeln. Die Nüsse hacken und mit der Chili in der Pfanne nach wie vor ohne Fett leicht anbräunen. In eine Schüssel geben, etwas abkühlen lassen, dann mit der Knoblauch-Salz-Mischung vermengen.

Nun in der Pfanne den Zucker hellgelb karamellisieren lassen, das Kakaopulver zugeben, kurz umrühren und dann sofort die Mischung mit den Nüssen hinzufügen und unterrühren. Das muss schnell gehen, damit der Knoblauch nicht verbrennt und bitter wird.

Denn Pfanneninhalt auf ein Stück Backpapier geben und vollständig auskühlen lassen.

Aus dem Frischkäse Kugeln formen (ca. 2 cm Durchmesser) und diese in der Nuss-Knoblauch-Mischung wälzen. Bis zum Verzehr kühl stellen. In einem gut verschlossenen Gefäß kann man die Pralinen etwa 10 Tage aufbewahren.

# Schokoladen-Wellness

Verehrte Schokoladenfreundin, lieber Schokoladenfreund,

Sie haben sich mit etwas Mühe, aber mit viel Vergnügen – so hoffe ich – bis auf diese Seite vorgearbeitet und fragen sich zu Recht: War das schon alles? Warum soll man die wunderbare Schokolade nur von innen genießen? Geht da nicht doch noch etwas? Klar doch, und ob da noch einiges geht!

Wer hat es nicht schon einmal erlebt: Maximaler Stress in der Arbeit, mit dem Chef, beim Kunden oder zu Hause und kein Ende in Sicht. Oder man ist bis über beide Ohren verliebt, aber das romantische Echo des Objekts der Begierde bleibt aus. Weltschmerz macht sich breit, wir fühlen uns schlapp, die Stimmung ist auf dem Tiefpunkt. Nach Wilhelm Busch hat eine/r, der/die Sorgen hat, auch den dazugehörigen Likör. Was definitiv nicht die allerbeste Lösung darstellt. Was machen wir in der Regel? Wir legen uns aufs Sofa, schieben eine schnulzige DVD in den Player und greifen in die Pralinenschachtel oder Schokodose. Und siehe da: Mit jedem Stück, das wir uns auf der Zunge zergehen lassen, steigt unsere Stimmung, wird der Backstein auf unserem Herzen leichter. Doch wenige Tage später zeigen sich die Folgen einer solchen Schoko-Orgie auf der Waage – das Stimmungsbarometer fällt erneut.
Stattdessen gibt es eine Alternative, die nicht nur glücklich, sondern auch noch schön macht: Schokoladenkosmetik.
Was alles in der Kakaobohne steckt, wussten bereits die Azteken und Ma-

yas im Bereich des Amazonas und im heutigen Venezuela. Sie bildete bereits damals die Grundlage für medizinische Wundsalben. Die Kakaobohne enthält u. a. Substanzen, die die Produktion von Kollagen und Elastin anregen. Des Weiteren enthält Schokolade viele Mineralien, Vitamine, Kalzium und Eisen; sie stärkt das Immunsystem und verlangsamt den Alterungsprozess. Bei regelmäßiger Anwendung von Schokocreme kann sich die Hautstruktur spürbar verbessern – sie wird straffer und fester. Vor allem Produkte, deren Schokolade einen Kakaoanteil von mehr als 70 Prozent enthalten, sind empfehlenswert. Kakaobutter eignet sich durch ihren Fettgehalt von über 50 Prozent besonders als Intensivpflege für trockene und sensible Haut hervorragend. Gerade im Winter, wenn die Haut ganz viel Feuchtigkeit benötigt, sollten Sie zu Kosmetikprodukten auf Kakaobutterbasis greifen.

Darüber hinaus ist die Schokoladenkosmetik aber auch eine Wohltat für die geschundene Seele. Ob nun als edle Praline oder als sanfte Bodylotion, Schokolade sorgt für eine Ausschüttung von Glückshormonen – sogenannten Endorphinen. Diese Stoffe haben eine ähnliche Wirkung wie schmerzlinderndes Morphin. Sobald unsere Nase Schokodüfte wahrnimmt, werden in unserem Hirn sogenannte Beta-Wellen in beruhigende Alpha-Wellen umgewandelt. Der Serotoninspiegel im Gehirn steigt an, unsere Laune bessert sich zusehends. Insofern können Schokoprodukte, gerade auch wenn im Winter der Lichtmangel auf unser Gemüt schlägt, Körper und Seele verwöhnen. Und das ganz ohne Reue.

Vertrauen Sie bei seelischem Leid statt Ihrer Lieblingsschokoladensorte in Zukunft lieber auf die Macht der Schokoladenkosmetik. Ob in Form einer liebevoll-sinnlichen Massage, einer Haar- oder Gesichtsmaske, der Intensivpflege mit Körperbutter oder einer reichhaltigen Nachtcreme: Die Auswahl ist groß und für jeden etwas dabei.

Wenn nicht anders angegeben, sind die Mengen der Rezepte jeweils für 1 Anwendung berechnet.

## Rezepte für äußerliche Schoko-Anwendungen

### Vanille-Schoko-Maske

10 g Kakaobutter

5 g Emulsan (erhältlich im Drogeriemarkt)

5 ml Jojobaöl

80 ml frisch gebrühter Kamillentee

3 ml Glycerin

5 g Talkumpuder

6–10 g Kakaopulver

30 g Lavaerde

*Als Duftstoffe:*

3–4 Tropfen Basismischung Vanilleextrakt (s. Seite 59)

2–3 Msp. Zimt

Die Kakaobutter im Wasserbad schmelzen und mit den restlichen Zutaten verrühren. Die Mischung etwas abkühlen lassen, dann die Duftstoffe hinzufügen.

Die Schokomaske noch warm auf die feuchte Haut auftragen und 10–12 Min. einwirken lassen, danach mit lauwarmem Wasser abwaschen.

Diese Maske ist für alle Hauttypen geeignet, strafft die Haut und macht sie geschmeidig.

**Maske Schoko pur**

| | |
|---|---|
| 100 g Ihrer Lieblings-Zartbitterschokolade (mind. 70 % Kakaoanteil) | 1 EL Mandel-, Sonnenblumen- oder Jojobaöl |

Die Schokolade im Wasserbad schmelzen und das Öl hinzufügen. Leicht abkühlen lassen.

Die Maske noch warm auf Gesicht und Hals auftragen und nach 10–15 Min. mit lauwarmem Wasser abspülen.

Die Aromen der geschmolzenen Schokolade sorgen für einen hohen Wohlfühlfaktor. Das Öl macht die Mischung geschmeidig und unterstützt die feuchtigkeitsspendende Wirkung.

**Schokoladen-Massageöl**

Eine besondere Wohltat für die Sinne sind die wärmenden, pflegenden Schokoladenmassagen, die voll im Trend liegen. Ob Rücken, Schultern, Füße oder Gesicht: Alles entspannt sich bei einer sanften schokoladigen Einreibung. Und gleichzeitig pflegen die erstaunlichen Inhaltsstoffe der Kakaobohnen die Haut, machen sie weich und geschmeidig, bügeln raue Hautstellen und kleine Fältchen glatt. Außerdem weckt der süße Duft positive Assoziationen und wirkt damit wohltuend auf Körper und Seele.

| | |
|---|---|
| 1 Tafel Bitterschokolade | ½ EL Johanniskrautöl |
| 1 EL Mandelöl | |

Die Schokolade im heißen Wasserbad schmelzen, Mandel- und Johanniskrautöl hinzufügen. Etwas abkühlen lassen.

*16 Eine Schokoladenmaske pflegt die Haut und die Seele gleichermaßen – ohne sich auf der Waage bemerkbar zu machen.*

Die noch warme Mischung langsam über den Körper gießen und mit leichtem Druck in die Haut einmassieren. Danach mit lauwarmem Wasser gründlich abduschen.

## Schokoladenbad

Viele Wellnesshotels und Beautysalons bieten inzwischen Schokobäder an. Sie können es aber auch ganz leicht zu Hause selber machen.

| | |
|---|---|
| 1 l Vollmilch | 3 EL Kakaopulver (mind. 70 % Kakaogehalt) |

Von der Milch 2 Esslöffel abnehmen und mit dem Kakaopulver (keine Fertigmischung mit Zucker oder anderen Zusatzstoffen) zu einem Brei verrühren. Nun den Rest der Milch erhitzen und unter den Kakao rühren.

Die Mischung ins Badewasser geben und darin 10–20 Min. entspannen.

Ideal für die kalte Jahreszeit, in der die Haut auf viel Feuchtigkeit angewiesen ist, denn sowohl die Milch als auch das Kakaopulver besitzen rückfettende Wirkung.

*Tipp:* Geben Sie nach Belieben noch bis zu 20 Tropfen ätherisches oder Duftöl in Ihr Schokobad.

An einem kalten Winterabend während des Schokobades noch eine heiße Trinkschokolade zu genießen, erhöht den Glücksfaktor noch einmal enorm!

## Badewürfel aus Schokolade

80 g Kakaobutter
60 g Pflanzenöl nach Belieben
15 ml Fluid Lecithin Super

*Nach Belieben:*
Kakaobohnen
Rosen- oder Lavendelblütenblätter

Alle Zutaten sind in Apotheken, Drogeriemärkten oder im Internet (z. B. bei www.meinekosmetik.de) erhältlich.

Die Kakaobutter mit dem Öl Ihrer Wahl (z. B. Mandel-, Distel-, Avocado- oder Olivenöl) im Wasserbad schmelzen (nicht über 65 Grad) und das Fluid Lecithin Super unter ständigem Rühren hinzugeben. Für die volle Schoko-Dröhnung nach Belieben Kakaobohnen in die noch weiche Masse geben. Die Masse in einen Eiswürfelbereiter geben und erkalten lassen, am besten kurz einfrieren.

Den Würfel erst kurz vor dem Baden in das Badewasser geben. So entfaltet sich der Duft während des Bades und nicht vorher. Ein besonderes Badevergnügen bereiten ein paar getrocknete Rosen- oder Lavendelblütenblätter oder 2–3 Tassen Kräutertee (z. B. Kamille, Baldrian, Arnika, Malve oder Ringelblume), zusätzlich ins Badewasser gegeben.

## Schoko-Bodybutter

3 EL Kakaobutter
1 EL Honig (nach Belieben)
2 EL Haselnussöl

1–3 Tropfen ätherisches
Mandarinenöl
Mark von 1 Vanilleschote

Die Kakaobutter in einem Wasserbad erwärmen, aber nicht köcheln. Sobald sie gleichmäßig geschmolzen ist, zuerst den Honig daruntermischen, danach das Haselnuss- und das Mandarinenöl. Zum Schluss das ausgekratzte Vanillemark zufügen und alles noch einmal gut verrühren.

Die Masse in ein Gefäß mit Schraubverschluss geben und abkühlen lassen. Die Schoko-Bodybutter ist sofort verwendbar.

*Hinweis:* Dieses Rezept ist für Nussallergiker nicht geeignet. In dem Fall das Haselnussöl durch ein anderes, verträgliches Öl ersetzen.

### Badekugeln

| | |
|---|---|
| 80 g Kakaobutter | 15 g Bienenhonig |
| 20 g Kokosöl | 12 Tropfen ätherisches Öl nach |
| 20 g Mandelöl | Wahl |

Die Kakaobutter im Wasserbad schmelzen, dann mit den anderen Zutaten vermischen. In einen Eiswürfelbehälter geben und erstarren lassen bzw. einfrieren. Kurz vor dem Baden ins Badewasser geben.

### Kakaopralinen fürs Bad

Diese »Pralinen« sind auch etwas fürs Auge – und eignen sich dann auch als Geschenk –, wenn Sie sie in hübsche kleine Seifen- oder Eiswürfelförmchen gießen.

| | |
|---|---|
| 50 g Kakaobutter | 2–5 Tropfen ätherische Öle nach |
| 25 g Magermilchpulver | Belieben |
| 25 g Natron | |

Die Kakaobutter in einem Topf auf niedriger Flamme schmelzen (nicht köcheln lassen). In der Zwischenzeit in einem separaten Gefäß das Milchpulver mit dem Natron gut vermischen.

Nun das ätherische Öl in die geschmolzene Kakaobutter und diese Mischung dann nach und nach zum Milchpulver geben. Alles gut zu einer homogenen Masse verrühren und noch flüssig in Förmchen gießen. Abkühlen lassen – fertig!

*Tipp:* Wem das Abkühlen- und Aushärtenlassen im Anschluss zu lange dauert, kann die Badepralinen kurz in die Tiefkühltruhe verbannen.

# Anhang

## Schokoladen-Glossar

Hier die Erklärungen einiger wichtiger Fachbegriffe, die Ihnen bei der Beschäftigung mit Schokolade begegnen werden:

**Abgang:** aus der Weinfachsprache entnommener Begriff, der das Ausklingen des Schokoladengeschmacks im Mund beschreibt. Bei guter Schokolade sollte er lang anhaltend sein. Je höher der Kakaoanteil, desto länger der Abgang.

**Aroma(stoffe):** Lebensmittel-Zusatzstoffe, die sich grob einteilen lassen in »natürliche« (aus natürlichen Grundstoffen erzeugt), »naturidentische« (mit natürlichen Aromastoffen nur chemisch identisch, aber nicht geschmacksgleich) oder »künstliche« (mit Fremdstoffen – oft Bakterien oder Pilzkulturen – erzeugter Geschmack). Von den beiden Letzteren ist grundsätzlich abzuraten, sie sind meist billigst hergestellt und vor allem für Allergiker im Einzelfall nicht ganz ungefährlich.

**Arriba:** die einzige Forastero-Edelkakaosorte. Sie gilt als besonders aromatisch und weist an *Criollo* erinnernde Merkmale auf.

**Blockschokolade:** Schokolade ohne Qualitätsnorm, auch als Haushaltsschokolade bezeichnet.

**Chocolate a la taza:** spanische Trinkschokolade, die sich durch den Zusatz von Weizen-, Reis- oder Maisstärke auszeichnet, wodurch sie eine dickflüssige Konsistenz erhält. Eine weitere Form ist die »Chocolate familiar a la taza«

mit einem geringeren Kakaotrockenmasse- und einem höheren Stärkeanteil.

**Conchiermaschine:** kurz Conche genannt; leitet sich vom spanischen Wort für Muschel (*concha*) ab und bezieht sich auf die ursprünglich muschelartige Form der Maschinen.

**Conchieren:** von Rodolphe Lindt 1879 entwickeltes Verfahren zum Verfeinern von Schokolade. Die Masse wird in der Conche bewegt und belüftet und erhält so einen zarten Schmelz.

**Criollo:** sehr selten angebaute und sehr teure Edelkakaosorte, vorwiegend in Venezuela beheimatet. Wird aufgrund der intensiven Aromen auch als »Würzkakao« bezeichnet. Hierzu gehört auch der Trinitario.

**Fermentation:** Gärprozess, bei dem die Samenkerne (Bohnen) und das Fruchtfleisch der Kakaofrucht für mehrere Tage zwischen große Blätter (klassische Methode) oder in Behälter wie Körbe, Fässer oder Holzkisten gegeben werden. Bei der Fermentation entsteht Wärme (ca. 45–50 Grad), es findet ein biochemischer Prozess statt, bei dem sich u. a. Aromavorstufen in den Bohnen entwickeln.

**Fondant:** feinkristalline, zähweiche Masse aus Glukose und Zuckersirup mit auf der Zunge leicht zergehender Konsistenz und zartem Schmelz. Wird als Pralinen- oder Schokoladenfüllung genutzt, oft auch unterschiedlich aromatisiert. Aus Fondant werden zudem auch glasierte oder mit Schokolade überzogene Zuckerwaren hergestellt.

**Forastero:** sehr ertragreiche und widerstandsfähige Kakaosorte. Wird auch als Konsumkakao bezeichnet, da sie rund 90 Prozent der Welternte ausmacht. Sehr verbreitet ist die Untersorte *Amelonado,* als eine der besten Sorten gilt *Arriba* mit ausgeprägtem Aroma.

**Ganache:** aus Kuvertüre, Sahne oder/und Butter hergestellte cremige Masse, die unterschiedlich aromatisiert sein kann. Je nach Rezeptur von weicher, fließender bis fester, schnittfester Konsistenz. Wird zum Füllen von Pralinen oder Torten verwendet.

**Kakaobutter:** das wertvolle Fett der Kakaobohne; mit seiner gelblichen Farbe ähnelt sie optisch der Tafelbutter, ist aber härter.

**Kakaopresskuchen:** entsteht beim Abpressen der Kakaobutter aus der Kakaomasse, enthält noch 10–20 Prozent Fett.

**Kakaopulver:** entsteht durch das Vermahlen und Sieben des Kakaopresskuchens und dient als Grundstoff für Kakaogetränke und kakaohaltige Zuckerwaren; enthält höchstens 20 Prozent Kakaobutter.

**Mischung:** Die herstellerspezifische Zusammenstellung verschiedener Kakaosorten zur Herstellung von Schokoladen. Manchmal auch als »Cuvee« bezeichnet. Die Rezepturen sind gut gehütete Familiengeheimnisse.

**Praline:** Oberbegriff für Erzeugnisse mit mindestens 25 Prozent Schokoladenanteil in mundgerechter Größe. Dazu zählen solche mit flüssigen, alkoholhaltigen Füllungen, geschichtete (z. B. mit Krokant, Nugat oder Marzipan) oder gefüllte (z. B. mit Ganache oder Fondant) sowie auch Gemische aus Schokolade und z. B. Mandeln und Nüssen.

**Rohkakao:** fermentierte und getrocknete Kakaobohnen. In dieser Form kommt der Kakao in die Schokoladenfabrik.

**Theobroma cacao:** botanischer Name des Kakaobaumes.

**Theobromin:** Wirkstoff in der Kakaobohne; s. Seite 42.

# Quellverzeichnis

*Websites*
www.rittersport.de/#/deDe/wissen/thema/geschichte/artikel/schoko-ladenmedizin
www.theobroma-cacao.de/wissen
www.wikipedia.de
Blogbeitrag: //briard-blog.de/blog/post/1/685

*Bücher*
Arthur J. O. Anderson, Francis Berdan & James Lockhart: Beyond the codices: The Nahua view of colonial Mexico, University of California Press, Berkeley/ Los Angeles 1976, S. 213
Das kleine Buch der Schokolade, Teubner Edition
Dumonts kleines Lexikon »Schokolade, Pralinen & Co.«, Dörfler Verlag
Ernährungsmedizin, Verlag Urban & Fischer, S. 463
Heinrich Schnee (Hrsg.): Deutsches Kolonial-Lexikon (1920), Band 1, Verlag Quelle & Meyer, S. 58 f.
Paul Münch: Lebensformen in der frühen Neuzeit, Propyläen Verlag
Peter Mathes: Ratgeber Herzinfarkt, Verlag Steinkopf
Roman Rossfeld: Schweizer Schokolade, Verlag hier & jetzt
Thieme Chemistry, Thieme Verlag

*Artikel aus Zeitschriften*
»Lebenselixier Kakao«, in *Focus online,* 12.3.2007
Bayard, V.: »Does Flavanol Intake Influence Mortality from Nitric Oxide-

Dependent Processes? Ischemic Heart Disease, Stroke, Diabetes Mellitus, and Cancer in Panama«, in *International Journal of Medical Sciences,* 2007, S. 53

Bitsch, I.: »Kakao und Schokolade: gut für die Gesundheit«, PDF (259 kB), Institut für Ernährungswissenschaft der Justus-Liebig-Universität Gießen

Di Marzo, V. et al.: »Trick or treat from food endocannabinoids?«, in *Nature,* Vol. 396, 1988, S. 636–637

Di Tomaso, E. et al.: »Brain cannabinoids in chocolate«, in *Nature,* Vol. 382, S. 677–678

Grassi, D. et al.: »Cocoa reduces blood pressure and insulin resistance and improves endothelium-dependent vasodilation in hypertensives«, in: *Hypertension,* Vol. 46 (2), August 2005, S. 398–405

Heiss, C. et al.: »Acute consumption of flavanol-rich cocoa and the reversal of endothelial dysfunction in smokers«, in *Journal of the American College of Cardiology,* Vol. 46 (7), Oktober 2005, S. 1276–1283

Neukam, H. U. et al.: »Long-Term Ingestion of High Flavanol Cocoa Provides Photoprotection against UV-Induced Erythema and Improves Skin Condition in Women«, in: *Journal of Nutrition,* Vol. 136 (6), Juni 2006, S. 1565–1569

Öko-Test »Schokolade, Bitterschokolade. Bitte(r) schön!«, in *ÖKO-TEST Jahrbuch Essen, Trinken und Genießen für 2007,* Januar 2007

*Öko-Test* »Schokolade«, Dezember 2012

Schroeter, H. et al.: »Epicatechin mediates beneficial effects of flavonol-rich cocoa on vascular function in humans«, in: *Proceedings of the National Academy of Sciences of the United States of America,* Vol. 1006 (108), S. 1024–1029

Serafini, M. et al.: »Plasma antioxidants from chocolate«, in *Nature,* Vol. 424, 2003, S. 1013

Stark, T. et. al.: »Quantitative analysis of N-phenylpropenoyl-L-amino acids in roasted coffee and cocoa powder by means of a stable isotope dilution assay«, in: *Journal of Agricultural and Food Chemistry*, Vol. 54 (8), 2006, S. 2859–2867

Usmani, Omar S. et al.: »Theobromin inhibits sensory nerve activaction and cough«, in *The FASEB Journal*, Vol. 19 (2), Februar 2005, S. 231–233

*Außerdem*

Schokoladenmuseum Köln

BBC News, 25.11.2004

# Über den Autor

Geboren 1942, ergriff Rolf Otto Flach im Jahre 1975 den Beruf des Heilprakti-kers. Inzwischen blickt er auf fast 40 Jahre Berufserfahrung zurück. In seiner täglichen Praxis sucht er immer einen Weg auch neben den gängigen Heil-verfahren und hilft so auch vielen Patienten, die lange nach einer Möglich-keit gesucht haben, ihre Beschwerden zu lindern. Sein Spezialgebiet ist es, auch in alltäglichen Lebensmitteln die Inhaltsstoffe zu finden, die zu einer schnellen Besserung von kleineren Beschwerden beitragen. Des Weiteren hat sich Rolf O. Flach auf Therapien mit tierischen Enzymen, u. a. Schlan-gen-, Skorpion-, Pfeilgiftfrosch- und Spinnengifte, spezialisiert. Sein Motto: Wenn schon exotisch, dann richtig.

Seit 1977 führt der Autor in seiner Praxis Anwendungsbeobachtungen über Pflanzenwirkstoffe für diverse Pharmaunternehmen durch. Zudem ist er als

Dozent für naturheilkundliche Behandlungsmöglichkeiten bei verschiedenen Fach- und Berufsverbänden tätig.

## Dank

Mein herzlicher Dank gilt:
Inge, die mir, ohne zu murren, viel Zeit einräumte für das Buch;
Katja, meiner Schwiegertochter, die mir von Anfang an das richtige Konzept vorschlug;
und meinen Patienten, die mir großzügig viele ihrer Rezepturen für dieses Buch zur Verfügung stellten.

## Bildnachweis

Bild 1 © Shutterstock/Boule, Bild 2 © Shutterstock/Stasis Photo, Bild 3 © Shutterstock/stockcreations, Bild 4 © Shutterstock/Denis Tabler, Bild 5 © Shutterstock/pearl7, Bild 6 © Shutterstock/Ammit Jack, Bild 7 © Shutterstock/vesna cvorovic, Bild 8 © Shutterstock/michele pautasso, Bild 9 © Shutterstock/Lecic, Bild 10 © Shutterstock/stockcreations, Bild 11 © Shutterstock/Lesya Dolyuk, Bild 12 © Shutterstock/margouillat photo, Bild 13 © Shutterstock/Oliver Hoffmann, Bild 14 © Shutterstock/Brent Hofacker, Bild 15 © Shutterstock/Shebeko, Bild 16 © Shutterstock/Subbotina Anna

Elke van Eick
*Gesund mit*
**Aloe vera**
■ Heilmittel
■ Schönheitspflege
■ Nahrungsergänzung

176 S., ISBN 978-3-7766-2541-7

Katrin Lüdtke
*Gesund mit*
**Getreide**
*und* **Grassäften**
■ Immunstärkend
■ Entgiftend
■ Vitalisierend

176 S., ISBN 978-3-7766-2731-2

Ellen Heidböhmer
*Heilpflanze*
**Holunder**
■ Überliefertes Hausmittel
■ Anwendungen von A-Z
■ Rezepte

192 S., ISBN 978-3-7766-2518-9

Irene Dalichow
**Zimt** *für ein*
*gesundes Leben*
■ Heilkräftig
■ Vielseitig
■ Köstlich
■ Rezepte

192 S., ISBN 978-3-7766-2499-1

Ellen Heidböhmer
*Die Heilkraft von*
**Salbei**
■ Antibakteriell
■ Schweißhemmend
■ Verdauungsfördernd

176 S., ISBN 978-3-7766-2696-4

Ellen Heidböhmer
*Gesund und fit*
*mit* **Zitrus-**
**früchten**
■ Stimmungshebend
■ Cholesterinsenkend
■ Entgiftend

148 S., ISBN 978-3-7766-2740-4

Dr. Michaela Döll
*Heilfrucht*
**Granatapfel**
■ Zellschützend
■ Gefäßschützend
■ Hormonausgleichend
■ Vitalisierend
■ Anwendungen von A bis Z

176 S., ISBN 978-3-7766-2548-6

Axel Gutjahr
*Die Heilkraft*
*des* **Waldes**
■ Vitalisierend
■ Wundheilungsfördernd
■ Immunstärkend

148 S., ISBN 978-3-7766-2739-8

Dagmar Braunschweig-Pauli
**38 Heilsteine**
*für ein gesundes Leben*
■ Sanft heilend
■ Wirkungsvoll
■ Behandlungserfolge
  von A bis Z

224 S., ISBN 978-3-7766-2435-9

Gabriela Schwarz
*Gesund mit*
**Nüssen**
■ Immunstärkend
■ Darmregulierend
■ Demenzvorbeugend

176 S., ISBN 978-3-7766-2701-5

Detlef Mix
*Die Heilkraft*
*des* **Honigs**
■ Natürlich wirksam
■ Rezepte
■ Anwendungen von A bis Z

192 S., ISBN 978-3-7766-2498-4

Birgit Adam · Natascha Becker
*Gesund mit*
**Chili** *und*
**Pfeffer**
■ Immunstärkend
■ Energetisierend
■ Anwendungen von A-Z
■ Mit zahlreichen
  Kochrezepten für eine
  gesunde Küche

176 S., ISBN 978-3-7766-2622-3

# Kompetente Hilfe aus der sanften Medizin

Informationen zu allen Herbig Hausapotheke-Ratgebern unter www.herbig-verlag.de